我们一起解决问题

手把手教你做基金定投

燕灏 燕夕子 著

人民邮电出版社
北京

图书在版编目（CIP）数据

手把手教你做基金定投 / 燕灏，燕夕子著. -- 北京：人民邮电出版社，2021.9
　ISBN 978-7-115-57072-7

Ⅰ．①手… Ⅱ．①燕… ②燕… Ⅲ．①基金－投资－基本知识 Ⅳ．①F830.59

中国版本图书馆CIP数据核字(2021)第155459号

内 容 提 要

随着经济水平的提高，越来越多人都想进行理财，使自己的财富能够保值、增值，但苦于没有时间和精力。在这种情况下，基金定投就成为一种非常有效的投资方式，它可以满足时间和精力有限的投资者的需求。那么，什么是基金定投？如何设计定投计划？如何选择定投策略、进行组合定投？如何计算定投收益？如何克服定投时的心理障碍？

针对希望进行基金定投的投资者关心的这些问题，本书做出了深入、详细的解答。具体而言，本书首先介绍了基金定投的优势、指数基金的种类及筛选基金的方式；然后介绍了如何设计定投计划，如何选择指数估值、新手买入及卖出基金的方法；最后介绍了定投策略、组合定投、收益计算及如何克服心理障碍等。总之，本书涉及丰富的基金定投知识、方法和案例，能够为读者提供有效、实用的基金定投实战指导。

本书适合计划进行基金定投及希望学习基金定投知识的读者阅读。

◆ 著　　燕　灏　燕夕子
　　责任编辑　张国才
　　责任印制　胡　南

◆ 人民邮电出版社出版发行　北京市丰台区成寿寺路11号
　邮编　100164　电子邮件　315@ptpress.com.cn
　网址　https://www.ptpress.com.cn
　大厂回族自治县聚鑫印刷有限责任公司印刷

◆ 开本：700×1000　1/16

　印张：14.25　　　　　　　　　　　　　2021年9月第1版
　字数：180千字　　　　　　　　　　　2021年9月河北第1次印刷

定　价：59.80元

读者服务热线：(010) 81055656　印装质量热线：(010) 81055316
反盗版热线：(010) 81055315
广告经营许可证：京东市监广登字 20170147号

前　言

你是否有过这样的苦恼：工资几千元，基本月光，甚至负债比存款还要多；每天都要加班，起早贪黑，回到家中已是精疲力竭，根本没有时间钻研理财知识；攒了些钱，想要投资，却又担心被市场"割韭菜"，财富付之东流。

对于一般人来说，存钱已经十分不易，想让手中的资产实现增值则更加困难。没时间、不专业、资金少是很多普通投资者的硬伤。那么，有没有一种投资方法，既简单安全、入场门槛低，又能让投资者获得超过通货膨胀速度的收益呢？答案是有，基金定投就是这样的投资方法。

"定投"这个技巧在很多投资领域都可以使用。对于投资固定收益类的品种来说，它仅仅能体现复利投资的作用。使用定投技巧更多的领域往往是基金或黄金等具有浮动收益的产品的投资领域。通过定投的方式购买基金和大宗商品，投资者能在降低投资风险的同时，还获得一定的额外收益。

基金定投被誉为最适合上班族的投资方式，是投资者想要进行长期投资时的首选途径之一。大部分上班族的收入在扣除日常开支后往往所剩无几。针对这种情况，进行小额定投是最合适的理财方式。而且，大多数上班族在金融机构的营业时间内也都在忙自己的工作，很难亲自去办理申购手续。因此，许多投资方法难以适用。而基金定投的投资操作完全自动化，所以对于忙碌的上班族来说最节省时间和精力。很多人之所以迟迟不敢涉足基金定投，是因为不知道该从何了解、如何入手。这时就需要一本优质的基金定投指导书带领大家入门。

本书从新手购买基金的角度出发，从基本概念与原理讲起，手把手教小白真正学会基金定投。而且，本书还提供了大量的案例、方法分析，以便读者在最短的时间内掌握基金定投的核心要点，从而顺利完成个人财产的保值、增值。

目 录

第1章 用基金定投摆脱朝九晚五 …………………………………………… 1

    1.1 为什么要以定投的方式买基金 ……………………………………… 3

        可自动申购，容易坚持 …………………………………………… 3

        10元起购，能聚沙成塔 …………………………………………… 4

        分批买入，可摊薄成本 …………………………………………… 6

        无须择时，不怕波动 ……………………………………………… 6

    1.2 指数基金定投 ………………………………………………………… 7

        什么是指数 ………………………………………………………… 8

        指数基金的优势 …………………………………………………… 8

        如何选择指数基金 ………………………………………………… 11

        进行指数基金定投应注意的要点 ………………………………… 13

    1.3 拥有复利理念，充分运用基础金融工具 …………………………… 14

        复利与时间、利率的关系 ………………………………………… 14

        基金定投一定能赚钱吗 …………………………………………… 17

第2章 认识指数基金的种类 ………………………………………………… 19

    2.1 两组指数基金的优势对比 …………………………………………… 22

ETF 和 ETF 联接基金·····22
完全复制型指数基金和增强型指数基金·····25

2.2 行业指数基金谁最值得买·····27
必需消费行业基金·····28
医药卫生行业基金·····30
金融行业基金·····33
可选消费行业基金·····35

2.3 常见的宽基指数基金·····36
A 股：沪深 300、中证 500 和创业板指数·····37
港股：恒生指数、H 股指数和香港中小指数·····43
美股：纳斯达克 100 指数、标普 500 指数·····46

第 3 章 选好基金，做一个聪明的"懒人"·····53

3.1 如何筛选基金公司·····55
看排名：选择排名波动不大的公司·····55
看声誉：选择有良好声誉的公司·····65
看服务：选择服务品质好的公司·····66
看团队：选择专业性强、管理良好的公司·····67
看产品：选择产品种类多的公司·····69

3.2 如何挑选基金产品·····71
看行业：买基金也是买国运·····71
看类型：偏股型基金是首选·····72
看业绩：历史业绩稳定上升·····74
看评级：规避入门风险·····76
看规模：中规模是最稳健的选择·····77
看波动：高波动才有高回报·····79

第4章　设计定投计划 ……………………………………………… 81

4.1 梳理现金流 …………………………………………………… 83
大账马上记，小账汇总记 …………………………………… 84
购物凭证集中保存 …………………………………………… 86
收入大小都要记 ……………………………………………… 87

4.2 构建计划框架 ………………………………………………… 88
选定适合的指数基金 ………………………………………… 88
明确购买渠道 ………………………………………………… 90
确定定投频率和时间 ………………………………………… 92
列出必须遵守的策略 ………………………………………… 93

4.3 不同定投计划的设计 ………………………………………… 97
养老储备定投计划 …………………………………………… 97
子女教育定投计划 …………………………………………… 101
置业定投计划 ………………………………………………… 102
年终奖定投计划 ……………………………………………… 103

第5章　指数估值：教你买到便宜的基金 ……………………… 105

5.1 什么是估值 …………………………………………………… 107
估值的含义 …………………………………………………… 107
相对估值法与绝对估值法 …………………………………… 109
如何判断估值偏高或偏低 …………………………………… 113

5.2 估值过程中要关注的因素 …………………………………… 117
市净率：估值指标二把手 …………………………………… 117
股息率：衡量现金分红收益率 ……………………………… 119

5.3 估值的技巧 …………………………………………………… 122
盈利收益率法：盈利稳定增长 ……………………………… 122
博格公式法：盈利快速增长 ………………………………… 125

第6章 新手怎样买入基金 ………………………………………… 129

6.1 把握入场时机 ………………………………………… 131
微笑曲线 ………………………………………… 131
坚持让微笑曲线更美丽 ………………………………………… 133

6.2 基金理财的运作流程 ………………………………………… 134
基金的走势图 ………………………………………… 134
基金的档案 ………………………………………… 135
基金开户流程 ………………………………………… 139

6.3 四种定投方法，总有一款适合你 ………………………………………… 142
定期定额定投 ………………………………………… 142
定期不定额定投 ………………………………………… 143
不定期定额定投 ………………………………………… 144
价值定投 ………………………………………… 145

6.4 不同行情的定投收益比较 ………………………………………… 146
熊市、猴市、牛市什么时候定投好 ………………………………………… 146
基金波动越大，定投效果真的越好吗 ………………………………………… 149

第7章 基金怎样卖出不被"割韭菜" ………………………………………… 153

7.1 申购、赎回与修改分红方式 ………………………………………… 155
申购 ………………………………………… 155
赎回 ………………………………………… 157
修改分红方式 ………………………………………… 159

7.2 止盈不止损 ………………………………………… 160
最大回撤止盈法 ………………………………………… 161
目标收益率止盈法 ………………………………………… 162
估值止盈法 ………………………………………… 163
市场情绪止盈法 ………………………………………… 165

7.3 止盈后盈利再投 ··· 166

  如何处理止盈赎回的金额 ··· 166

  复投遇上"倒 V 曲线"的概率 ··· 167

第 8 章 选好定投策略,成功穿越牛熊市 ··· 169

8.1 三大定投策略 ·· 171

  低估定投策略 ·· 171

  均线定投策略 ·· 172

  网格交易策略 ·· 173

8.2 定投中常见的问题 ·· 176

  基金定投亏损了怎么办 ·· 176

  为什么我坚持不到牛市 ·· 179

  市场下跌时应如何加仓 ·· 180

  场内基金和场外基金哪个更划算 ·· 182

  看点数买基金可靠吗 ··· 184

第 9 章 组合定投收益更好、胜算更高 ··· 187

9.1 为什么要组合定投 ·· 189

  投资的不确定性极大 ··· 189

  用组合摊薄投资风险 ··· 190

  降低回撤比例,减轻投资压力 ·· 191

9.2 如何进行组合定投 ·· 191

  选择成长性好的基金产品 ··· 191

  观察不同基金的相关性 ·· 192

  "核心 + 卫星"搭配 ··· 193

  基金数量不宜太多 ·· 195

第10章　新手如何计算定投收益 …… 197

10.1 计算定投收益率 …… 199
累计收益率 …… 199
内部收益率 …… 201

10.2 计算盈利时间和收益 …… 203
基金定投慢慢变富的原理 …… 203
基金定投多久可以盈利 …… 206

第11章　定投是心理战，沉得住气才有未来 …… 207

11.1 对定投亏损感到焦虑的心理原因 …… 209
手头没钱，近期有消费计划 …… 209
新手没经验，无法承受初期亏损 …… 212
总想抢热点，这山望着那山高 …… 214

11.2 如何克服定投时的焦虑感 …… 215
回本后要马上卖出吗 …… 216
不熟不做，不懂不做 …… 216

第1章

用基金定投摆脱朝九晚五

基金定投具有"属于懒人的理财方法"的别称，与银行的长期储蓄业务具有一定的相似性。它能够帮助投资者积累资金，平摊投资者的投资成本，也能很好地降低投资过程中存在的风险，因此非常适合纳入投资者的长期投资计划之中。这种长久的投资方式所带来的稳定收益能很大地减轻投资者的日常收支压力，帮助投资者实现资产增值的目标。本章将引领读者走近这种独特的投资理财方式。

1.1　为什么要以定投的方式买基金

统计数据显示，中国股票市场至今大约经历了11次的牛熊转换，其中牛短熊长，历史上最短的牛市甚至仅有3天，投资者极难把握行情的到来。想通过一次性买入获利的投资者，必须准确地踩准市场节点，但这是即使同时拥有运气与实力的人也很难做到的事情。所以，普通投资者还是需要采取定投的方式为自己的资产保值、增值。

基金定投被大多数人认为是所有投资方式中最适合工薪阶层的一种，它具有四个方面的优势。

可自动申购，容易坚持

基金定投按固定时间自动申购，对于投资者来说十分便捷。相比其他投资方式，基金定投更容易长期坚持下去。这种简便主要体现在两个方面。

（1）手续简单

如果投资者想要开始基金定投，无须多次前往基金代销机构，仅在最开始办理一次手续即可，此后所有定期的申购与扣款行为均会由系统自动完成。定投周期最常见的为每月一投，除此之外也有每半月、每季度等其他选择，投资者可根据具体情况选择。如果投资者没有选择定投这种基金投资方式，而是打算全部由自己选购，便每期都需要亲自前往现场办理手续，十分复杂。因此，基金定投也被大家称为"懒人理财"，其手续简便，吸引着想要投资的工薪阶层。

（2）省时省力

投资者成功办理定投手续后，系统会根据投资者预设的选择，在固定的时间内自动扣取设定好的金额。投资者唯一需要做的就是确保绑定的银行账户内余额充足。这可以大大减少投资者的时间和精力消耗，非常适合忙碌的工薪阶层。

现在定投的大部分相关操作，投资者都可以在线上完成，如绑定银行账户、设置申购日及申购金额等信息、进行申购及赎回等操作。除此之外，线上平台还可以进行基金账户余额查询、基金净值查询、变更分红方式等多项操作，为投资者提供了很大的便利。

10元起购，能聚沙成塔

基金定投重视长期积累，主要理念为积少成多。因此，它具有以下几个优势。

（1）定期投资，能积累财富

由于基金定投计划具有一定的强制性，投资者每到固定的时间就会有意识地将闲置资金收集起来,并通过投资达到保值、增值的效果,聚沙成塔、细水长流地积攒一笔不小的财富。

(2)具有复利效果

基金定投所获得的收益主要源自于复利。投资本金所获得的利息归入本金中产出新的利息,再继续归入本金,如此循环下去,达到利滚利的效果。最初的收益也许并不高,但随着时间的推移,其效果会越来越明显。因此,投资者应当长期坚持下去,不宜因市场的暂时性波动而随意终止定投计划。只要从长远来看前景是光明的,投资者就不必担忧。短暂的下跌恰恰是投资者拉低平均成本的好时机。一旦触底反弹,投资者就能迅速获得可观的利润。

(3)交易门槛低,便捷快速

基金逐渐成为一种被普遍使用的投资理财工具,其得以产生的土壤是广大普通民众,其目的是让资金有限的人也能够参与分享经济发展带来的红利。同时,基金行业在我国仅有20多年的发展历史,在短时间内迅速崛起壮大,大量资本涌入该行业,竞争尤为激烈。因此,低门槛成为许多基金公司吸引客户的一种常见方式。

目前各大银行及证券公司都在积极发展各自的基金定投业务,它们的门槛普遍都很低。例如,中国工商银行每月最低投资金额达到200元即可办理定投业务。

如今以支付宝为代表的新一代理财平台改变了过去动辄上万元起的购买方式,扩大了可以购买基金的人群,同时也增加了各类基金的体量。例如,支付宝开展的10元"轻定投"项目就极大地降低了参与门槛,吸引了许多投资者。

这里需要强调:不是任何一种基金起步价都是10元,上千元的基金和理财产品依然有很多。大家应根据实际情况按需购买,擦亮双眼,谨防被价格销售手段欺骗。

分批买入，可摊薄成本

基金定投有两个优势，一个是可以很好地分散风险，另一个是有利于分摊成本。依照高抛低吸的策略，基金定投解决了预测底部可能产生的不确定性，同时降低了预期风险，有利于长期投资。同时，通过多次定期投入、多仓配置，投资者可以大大摊薄基金的投资成本。

投资基金时，收益一般按比例计算，净值与收益高低的关系不大。例如，投入 10 元赚 10% 与投入 20 元赚 5%，绝对收益都是 1 元，但前者的收益率比后者高。差别在于投资更关注比例，而非绝对值。我们一般谈论的摊薄成本也不是指成本的绝对值，而是指相对的平均成本。

基金定投的成本是一个调和平均数，它在所有平均数中是最小的一个。例如，投资者以一定的金额进行定投（得到调和平均数成本），买入一定份额的基金（得到算术平均成本），前者一定小于后者，这就是摊薄成本。在无法预测价格变动的情况下，越尽可能地降低成本，也就越不容易亏损，甚至获得更多的收益。

无须择时，不怕波动

投资者要想投资获得盈利，就要能做到"低买高卖"。但在实际操作时，投资者想及时分辨最佳买卖点是极为困难的。基金定投可以在很大程度上将投资成本拉低、摊平，将市场波动带来的投资风险压低。同时，它也可以降低投资者因情绪变化而产生不理智交易的频率。

投资者通过周全的基金定投计划，可以减小这种人为的主观判断失误风险。基金定投是着眼于长期发展的理财工具，投资者无须过于担心投资时点的错误，无须过于看重市场价格的高低，更无须因短期的不稳定而变更长期的计划。它的择时要点是选取一段合适的、完整的投资周期。在此基础上，投资者只要付出足够的时间成本,坚持自己最初定下的策略,不为暂时的变化所动摇,就可以换来回报。

1.2　指数基金定投

基金定投首先要求投资者拥有一个固定的周期性投资时间(如每周一或每月5日),并在这个固定的时间将提前固定好的金额(如600元)投资到投资者在初始时指定的基金——定期定额投资基金中。从资金投入方式与收益方式来看,基金定投与零存整取储蓄业务很相似。

在这种投资方式下,无论市场行情怎样波动,投资者选定的基金都会按照计划,以固定的金额被定期买入。这就意味着,在基金的净值呈走高趋势时,被买入的份额数就会相应地变少;在基金的净值呈走低趋势时,被买入的份额数就会相应地变多。换句话说,就是这种投资方式拥有逢低值自动加码、逢高值自动减码的效果,无论市场上的基金价格发生了怎样的变化,投资者最终投入的平均成本总能保持平稳。因此,基金定投可以将基金净值的高低起伏变化压平,克服市场波动对投资造成的影响。

一般投资者都很难判断并把握最佳投资时间,极有可能在基金的高点买入、低点卖出。如果投资者采用了定投的方式,那就不管市场如何波动起伏,而只专注于以固定的时间和金额进行投资。这样投资成本被拉平,只要投资对象在整体趋势上是增长的,投资者所获得的收益就能保持稳定地增长,投资者便无须再担忧入市择时对收益的影响。另外,由于所投资的基金是分多次买进的,总体风险会低一些,比较适合新手投资者。

针对基金定投这种具有长期性和持续性的投资方式,指数基金应是投资者首选的品种。

什么是指数

从一般的定义上看,指数是一种特殊的相对数,主要用于测定多个项目在不同的场合下出现的综合变动。对于投资市场来说,指数就是根据某些采样股票、电子现货或债券的价格设计并计算出来的统计数据,其主要作用是衡量股票市场、债券市场或电子现货的价格整体的波动情形。

在证券市场中,证券品类琳琅满目,价格一直在变动,有太多的变数,而指数可以作为一种能够及时反映市场整体涨跌情况的参照指标。以沪深300指数为例,它容纳的是沪、深两市的所有股票中,流动性最强、管理规模最大,同时也最具代表性的300只,并综合反映这些股票的股价变动情况。

每个指数都会选取一定数量的证券作为其成分证券,并按一定的加权方式给每只证券赋予权重。例如,对于市值加权指数来说,成分证券市值越大,权重越高,该证券的涨跌对指数的影响也就越大。

目前指数数量庞大,有众多分类,这些指数包含的范围和针对的行业领域各有区别,其风险与收益状况呈现的特征都有差异。如果能够对这些指数进行合理搭配、优化资产配置方案,就可以产生分散风险的效果。

因此,投资者一定要充分考虑自身的投资需求,并据此对基金的标的指数进行选择。投资者可以选择跟踪一个能够全面反映市场整体状况的指数,依靠它获取处于平均水平的较平稳的收益;也可以先确定某一个特定的偏好类型,在这个类型下选择看好的指数,明确自己需要承担的风险,争取获得相应的投资回报。

指数基金的优势

指数基金的运作原理决定了它相对于其他基金能够更有效地减少许多非系统风险。与此同时,指数基金的交易费用较低廉,操作也很简便,在资金和管理方面需要的投入都较少。

具体来讲，指数基金主要有以下优势。

（1）指数基金长生不老、长期上涨

指数基金和股票非常相似。指数基金虽然以基金的形式存在，但如果是场内基金，则可以在交易时采用与股票相同的形式。

我们以道琼斯指数为例进行观察。它诞生于1884年，最初只有12个成分股，从40.94的初始点数起步。100多年过去了，原先的12个成分股大多先后走向了衰落，到今天依然存留的只有通用电气，而道琼斯指数的点数也慢慢地涨到了今天的3万多点，如图1-1所示。

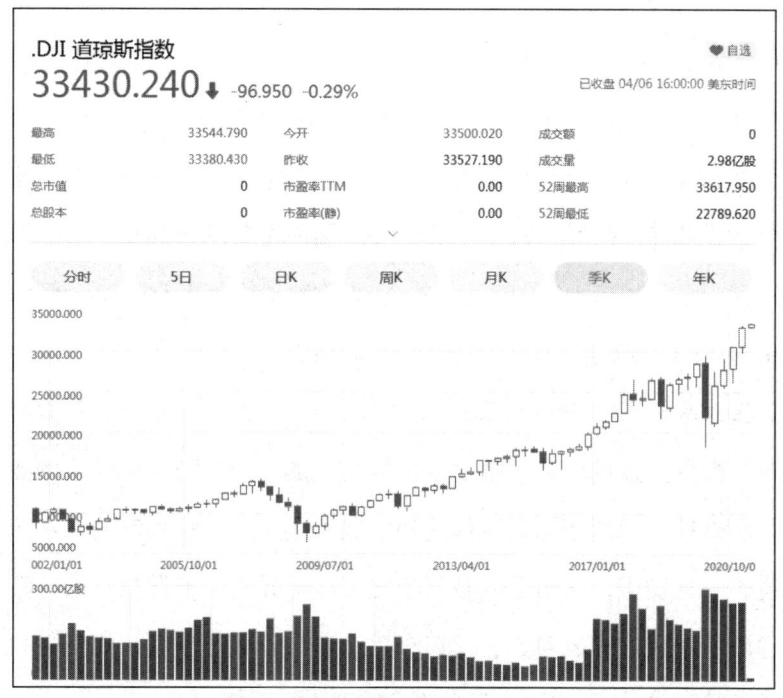

图1-1 道琼斯指数

也就是说，一家公司不管多么辉煌，都是有生命周期的。如果这家公司的业务发展方向或产品质量水准不能紧跟时代的发展与变化，就会被市场淘汰。但是，指数基金不会如此。指数基金并不是只有固定的单一股票，而是容纳了符合指数标准且表现好的多只股票。编制者将这些股票放到组合里来，并且每隔一定的时间都会重新做一次筛选。当某只股票的指标不再符合要求时就会被组合剔除，然后组合内再重新纳入其他符合要求的优质股票。指数基金不是一成不变的，会一直不停地进行新陈代谢，选出那些符合时代潮流的公司的股票，它永远不会落后于市场。所以，我们说指数基金是一棵长生不老的常青树。

因此，买了股票持有不动和买了指数基金持有不动，二者背后的风险和最终会带来的结果是完全不同的。前者如果遇到"黑天鹅"或者该公司财务发生问题导致退市，投资者的资金就成了一场空。但是，后者就不用担心这样的问题，因为它会自动进行自我更新，可以将风险控制在最小范围内，甚至扼杀在摇篮里。

（2）指数基金的交易成本低

基金公司都会向投资者收取一定的管理费，这是它们最主要的收入来源。主动型基金的管理费一般是基金规模的 1.5%。指数基金的管理费与它相比则较低，在投资者选择产品时占有一定的优势。国内指数基金的平均管理费率仅为 0.69%，有些规模大、历史长的基金的管理费率大多会低于 0.5%。例如，易方达沪深 300ETF 联接基金的年管理费率仅为 0.15%。

（3）指数基金能够有效地规避风险

第一，指数基金可以最大限度地压缩个股的"黑天鹅"风险。例如，奶制品三聚氰胺事件、白酒塑化剂事件这种"黑天鹅"是无法预测的，对于个人投资者来说，一旦发生，基本上就是灭顶之灾。指数基金分散投资的特性则可以在一定程度上消减这种风险。它的组合里多达上百只股票，就算某一只成分股遭遇"黑天鹅"，对基金整体也不会造成特别大的影响。

第二，指数基金可以规避永久损失投资本金的风险。指数基金总是不断地吐故纳新，把优秀的、符合指标要求的股票纳入基金组合，并把不符合的从中剔除。由此来看，投资者无须担心股票退市、本金永久损失的风险。

第三,指数基金受人为因素的影响很小,可以规避制度风险。指数基金里并不是单一的股票,难以进行人为操控,所以可以有效规避人为的风险。

如何选择指数基金

指数基金是一种以某个指数为投资跟踪标的的基金产品,它的投资对象范围是该指数的成分股。基金产品会购买特定指数的全部或者大部分成分股,并用它们构建一个投资组合,以追踪标的指数的表现。目前市面上比较常见、广受投资者欢迎的标的指数主要有沪深300指数、中证500指数、纳斯达克100指数等。

指数基金最基本的投资目标通常是减小跟踪误差,尽力使自己构建的投资组合的变化趋势和所跟踪的标的指数的整体走向保持一致,以基本保持与其具有同样的收益率。

在品种逐渐丰富的基金投资市场中,指数基金的种类日渐增多,挑选难度也相应地变得更大了。投资者在进行选择时通常有两个标准:一个是选择投资跟踪成长性较好的指数基金,但筛选难度相对来说也会较大;另一个是选择投资跟踪误差比较小的基金。一般来说,跟踪误差与管理该基金的经理的综合能力相关,跟踪误差越小,投资者才越有可能实现自己的目标。

那么,投资者应该如何在品类众多的指数基金中做出最好也最适合自己的选择呢?

(1)关注基金实力

无论投资者选择什么基金,基金实力都应该是投资者首先关注的方面。而影响基金实力的一个重要原因,就是其背后基金公司的实力。虽然指数基金定投相对其他投资方式属于被动式的投资,运转的方式也比较简单,但分析标的指数并对其进行跟踪的过程并不轻松。基金管理者需要经过精密的计算、遵守严谨的操作流程。如果基金公司的实力较强，那么它旗下基金的跟踪效果往往也会更加出色。如何筛选优质的基金公司，本书第3章将会进行详细介绍。

除了基金公司以外，基金本身的实力也可以从许多细节中窥见一斑。要想判断基金公司旗下基金的实力，投资者可以主要参考以下三个指标，如图1-2所示。

图1-2　判断基金实力的指标

① 基金规模越大越好

如果基金规模过小，就会非常容易面临被清盘的风险。因此，笔者建议投资者选择规模在10亿元以上的指数基金，因为这种基金的状态相对稳定。

② 成立年限在三年以上

成立时间很短甚至小于一年的基金，投资者最好不要考虑。只有能够经受住时间考验的基金，才是真正优质的基金。大环境的变动对基金的表现影响很大，如果一只基金连续三年及以上都能保持较稳定良好的状态，就说明这只基金已经遇到了多种多样的市场环境，比较能够淡化大环境的影响，风险相对较小。

③ 参考各种评级系统

以晨星评级为代表，基金领域有许多评级与排名的系统，它们是重要的基金评判工具。很多人在选基金的时候，都将晨星5星评级作为参考标准。但需要注意的是，这种评级大多针对的是基金的过往历史，并不能完全反映它此时的好坏，投资者应当在其基础上根据具体情况做出分析。

（2）关注基金费用

指数基金投资的费率一般不高，目前主要包括两个方面：交易费用和管理费用。交易费用主要是指申购费和赎回费，管理费用主要是指基金管理费和托管费。在选择指数基金的过程中，投资者可以将费用高低作为其中的一个选择依据，以求尽量减少投资成本。当然，投资者应当注意，节约成本固然重要，但保持良好的收益才是最主要的，绝对不能只顾追求较低的费用而盲目投资。

（3）关注标的指数

标的指数是指数基金的灵魂所在。投资者要观察基金的拟合度，结合所跟踪的指数判断是否精准，这是评价指数基金最核心的一个标准。

对于优秀的指数基金来说，它的涨跌与它跟踪的指数应该是完全同步的。这样可以大大节省投资者的精力，投资者只要关注指数的涨跌情况，就可以及时合理地控制盈亏比例。指数基金优劣的核心在于其标的指数的质量，因此投资者在挑选指数基金时必须先了解其对应的市场状态。此外，投资者还可以通过将各种不同类别的指数基金按一定比例搭配在一起来合理配置投资资产。

进行指数基金定投应注意的要点

指数基金是基金定投的首选类型，因为它受人为因素的干扰较少，主动性较小，大部分情况下都只是被动地跟踪指数。在整体保持增长趋势的经济环境下，坚持长期定投必然能获得较理想的收益。而主动型基金则很容易受到基金经理个人状况的影响，业绩的持续性和稳定性较差，管理团队人员的变更会引起业绩波动。因此，投资者要想进行长期定投，选择指数基金会更稳妥。

虽然指数基金定投的风险较低，适合投资新手入门，但是并不代表投资者就可以毫无顾忌、随意进行投资。无论进行哪种投资，投资者都要用付出换取回报。同时，投资者需要注意以下三点。

(1)不要过于注重短期收益

指数基金种类繁杂,很多投资者在筛选时会以当前的基金收益排行为依据,其实这不是最好的方法。选择指数基金应该主要关注长期收益,尤其是对增强型指数基金来说,短期看可能收益差距并不明显,但是随着时间的延长,差距就会慢慢变大。

(2)投资不要盲目地集中,也不要过于分散

无论什么样的投资都是有风险的。尽管与单一的股票相比,指数基金的投资风险较低,但是不代表投资者就可以盲目地对它进行集中投资。同时,投资者也应注意投资不要过于分散,否则容易降低收益率。

(3)要有合理的风险评估

在投资之前,投资者应该想好自己能承受多大的风险、可以等待多久;如果下跌超过了预期值,自己能不能承受。定投需要的是耐心和时间的积累。如果自身风险承受能力较低,又没有多余的时间和耐心等待,那么投资者就不应该尝试这种投资方法。

1.3 拥有复利理念,充分运用基础金融工具

很多人担心自己的收入太低,无法达到理财的门槛。但实际上,很多投资理财方式的门槛都非常低。例如,大部分基金产品定投的门槛金额都在200~500元,少数可低至100元,这要看基金和代销机构的具体规定。正因为收入低,我们才更应该抓住理财投资的机会,为自己创造财富增值的可能性。

复利与时间、利率的关系

复利是一种较常见的计算利息的方式,等同于人们通常说的"利滚利",

其要点是在计算某一个周期的利息时使用的本金需要包含之前获得的利息。也就是说,在计算时一定要把上一期结束的本利和作为下一期的本金。

因此,复利计算有一个很重要的特点,即每一期本金的数额都是不同的。复利的计算公式如图 1-3 所示。

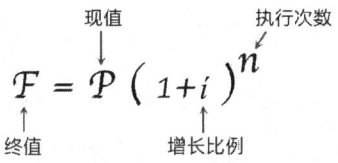

图 1-3　复利的计算公式

其中,F(Future Value)为终值,即未来的最终投资收益;P(Present Value)为现值,即现在的初始投资金额;i(interest rate)为利率,即每段周期的投资收益率;n(number)为期数,即投资期限数。

复利投资就像滚雪球,会在坡道上越滚越快、越滚越大,它看起来简单,但首先投资者要找到湿度刚好的雪以及足够长的坡道。

沃伦·巴菲特的最佳搭档、美国投资家查理·芒格曾说:"明白了复利的威力和想要取得它的难度状况,就是认识其他投资事项的开端。"

位于纽约中心区域的曼哈顿是当地最有价值的一块土地。1626 年,一个荷兰人用仅值 24 美元的 6 颗玻璃珠,从印第安人手中换来了它。如今很多人在谈到这件事时,都会感叹印第安人那时做了赔本的生意,竟然这样随意地将潜力如此巨大的地产廉价卖了出去。

然而,著名的股票投资家、证券投资基金经理彼得·林奇却有另一种思路。他曾经做过详细的计算,如果当时那 24 美元被印第安人存入了银行,在年利率 8% 的条件下一直储蓄到现在,那么本利总数额将相当可观,是当前曼哈顿地产总值的 1 000 倍。所以,如果从复利的角度来看,印第安人的决定绝对是正确且科学的。

哈佛商学院教授曾提出一个问题，靠一张白纸能到达月球吗？从理论上讲，答案是能。一张白纸的厚度约为1.104mm。假设我们拥有一张足够大的白纸，将其对折42次后，累积的厚度便可以达到约45.7万千米。而地球到月球的距离为38.4万千米，远远小于纸对折后的厚度。所以，在投资理财领域，我们对复利的价值不可不知、不可不重视。

从上述事例中可以发现，如果以复利的方式持续累加，就会产生惊人的效果。即使基数很小，只要坚持积累，也能达到令人意想不到的水平，而最重要的一个因素便是复利。既然复利如此厉害，那是不是复利越高越好呢？并不是这样。因为复利过高，很可能会是一个陷阱。

在一个有限的世界里，过高的增长率最终会压扁它自己的支撑点，从而走向自我毁灭。

天文学家萨根将这种现象与每20分钟分裂繁殖一次的细菌进行了类比。萨根说，一个微不足道的细菌大约仅重十亿分之一克，但如果无限制地繁殖24小时，所有细菌加起来将重达400多千克。不过，这在现实生活中是很难发生的。萨根说，总有某种障碍会阻止这种指数式的增长。

证券市场的过往数据表明，沃伦·巴菲特是最出色、最著名的投资者，他创造了市场中常年投资报酬率的最高纪录，但那也仅有24%而已。可大部分人都无法达到这样的水平，普通投资者能保证复利长期较高地增长就已经相当成功了，想通过加速复利的增长获得暴利则难于登天。投资者一定要摆正心态，不要抱有过高的幻想。复利对投资者的启示如下。

（1）要保持长期稳定投入

要想在理财上获得成功，投资者不能只靠一两次的胜利，而要靠长期稳定投入保持复利增长。

（2）不要寄希望于长期获得高复利增长

由于市场一直在变化，要求复利增长长期处于高位是不现实的。所以，投资者在获得非常可观的收益后，首先需要思考的是如何稳固现有的收益，保证收益不再流失，而不是急于迈上更高的台阶。

（3）不要对理财产品的成长速度期望过高

依据很简单的数学计算可以发现，如果理财产品的收益每年增长1倍，第五年时整个理财产品的收益将变为最初的16倍，第十年将变为最初的512倍，这在现实中是不可能发生的。所以，遇到了看好的投资对象，又无法等待低位买入的人，不用过于担心它有一天会暴涨；而已经抓住机会低位买入、手中持有好股的投资者，既不要设定过高的止盈点，也不要每天紧盯着市场，对自己的理财产品快速上涨抱有过多期盼，导致最后失去耐心，反而过早抛出。

（4）在基数小的情况下也要从复利角度考虑问题

较高的复利水平更容易产生在基数小的情况下，但正因为基数太小，大部分人都往往不重视它。如果投资者不能学会从复利角度思考问题，将会错失许多机会。

基金定投一定能赚钱吗

任何投资都不可能稳赚不亏。通过观察可以发现，大部分投资者做基金定投时遭遇失败，多是出于以下五个原因。

第一，没能长期坚持，无法接受短期浮亏而暂停定投；眼红追高却又被套。

第二，选错了定投基金标的。

第三，不懂止盈，不会卖出。

第四，在投资过程中随意加仓，经常变更设置的定投金额。

第五，不择时入场，拉高了持仓成本。

投资者坚持的时间长度是基金定投平摊风险、取得收益的一项重要因素。

但是仅仅依靠时间还不够，筛选投资标的、预设合适的止盈点及选择最佳买入时间等环节同样十分重要。

在对投资标的进行筛选时，投资者可以主要参考以下几个原则。

（1）优先选择宽基指数

宽基指数的成分股囊括了各种行业，能有效减弱"黑天鹅"的影响。常见的宽基指数有上证50指数、沪深300指数、中证500指数等。

（2）优先有张力的指数

所谓张力即指数的波动弹性。基金定投是一种具有持续性的长期投资，一定幅度的高低波动能帮助投资者更好地压低平均成本。

（3）从低估值开始

参考衡量估值的两个主要指标是市盈率（PE）和市净率（PB）。本书第5章会专门对二者进行介绍。

（4）达到预期收益目标即刻卖出止盈

当指数的市盈率和市净率处于高位时，投资者应开始卖出，具体需要结合指数的走势。一般来说，牛市的末尾通常表明价值高估与市场存在泡沫。另外需要注意的是，在市场投资热情异常高涨、全民都踊跃参与股市时，很有可能预示着市场行情即将迎来末端。投资者可以选择一次卖出所有基金，也可以选择分多次出手，具体操作要结合投资者个人对市场状况的判断进行分析。

认识指数基金的种类

第 2 章　认识指数基金的种类

指数基金品种繁多，分类方式也多种多样。常见的分类方式有以下几种。

按照指数跟踪的资产类别分类，可以分为股票指数、商品指数、债券指数等。

按照规模大小分类，可以分为蓝筹指数、大盘指数、中盘指数和小盘指数。

按照选股规则和加权规则分类，可以分为市值加权型指数和策略加权型指数。

其中，市值加权型指数按照市值大小进行选股和加权，股票的市值越大，占比就越高。市值加权型指数规模较大，更稳健，广受投资者关注，是股市中最重要的指数类型，其计算方式如下。

$$单个公司的比例 = \frac{单个公司的市值}{该指数中所有公司的总市值}$$

公司的股份与股价相乘的结果就是公司的市值。例如，格力电器在2020年1月16日的股价为67.32元，总股份数为60.16亿股，总市值为67.32元/股 × 60.16亿股 = 4 049.971 2亿元。

策略加权型指数基金按照不同指标的大小进行选股和加权，策略对应的指标越大，占比就越高。该类指数规模较小，部分会有超额收益，适合小散户。

常见的策略加权方式有以下五种。

- 等权重：即所有成分股的权重都相同，如标普500指数、中证等权重90指数。

- 红利类：按照股息率为成分股进行加权，如中证红利指数、深圳红利指数。
- 基本面：以股票公司的净资产值、现金流状况等基本面财务数据筛选成分股并进行加权，如中证基本面 50 指数、深证基本面 60 指数。
- 价值类：按照市盈率、市净率、市现率、股息率进行筛选与加权，如沪深 300 价值指数、上证 180 价值指数。
- 低波动：根据股票的波动率进行筛选，如中证 500 行业中性低波动指数、恒生港股通高股息低波动指数。

2.1 两组指数基金的优势对比

在众多的指数基金分类中，有两组较常见且易于混淆的类别。

ETF 和 ETF 联接基金

按照交易机制的不同，指数基金可以被划分为以下四类。

- 封闭式指数基金：可以在二级市场进行交易，但是不能申购和赎回。
- 开放式指数基金：不能在二级市场进行交易，但可以通过基金公司申购与赎回。
- 指数型 ETF：可以在二级市场进行交易，也可以通过基金公司申购、赎回，但其必须以组合证券的形式进行。
- 指数型 LOF：既可以在二级市场进行交易，也可以通过基金公司申购、赎回。

如表 2-1 所示，指数型 LOF 的交易方式是四类指数基金中最机动、最便捷的。投资者既可以在二级市场直接与其他投资者进行交易，也可以利用第三方代销平台等途径。虽然指数型ETF可采用的途径很多，但相比之下其交易过程更烦琐，申购与赎回不能直接用现金形式操作，均需要转化为对应的股票。封闭式指数基金与开放式指数基金的交易方式则相对较单一。

表2-1 按照交易机制划分的四类指数基金对比

分类	交易市场	交易方式
封闭式指数基金	二级市场	现金
开放式指数基金	基金公司申购与赎回	现金
指数型ETF	二级市场，基金公司申购与赎回	组合证券
指数型LOF	二级市场，基金公司申购与赎回	现金

近年来，ETF基金十分热门，吸引了许多人投资。然而，大家可能已经发现，在投资市场中除了ETF基金之外，还有一种产品名为ETF联接基金。那么，这二者之间到底有什么区别呢？

（1）ETF联接基金主要以ETF基金为投资对象

ETF基金全称为交易型开放式指数证券投资基金，又可称为交易所交易基金。它是一种较特殊的开放式基金，可以在二级市场进行交易，其份额也是可变的。而且，它兼具了股票、开放式与封闭式指数基金的优势和特色，投资策略多种多样，投资效率高，效果显著。目前市场上有很多只ETF基金，包括常见的上证50ETF、沪深300ETF、中证500ETF、创业板ETF等，投资者可选择的范围很广。

ETF联接基金与ETF基金不同，但又有极大的相关性。ETF基金的主要投资对象是指数成分股，而ETF联接基金的主要投资对象则是与自己跟踪同一标的指数的ETF基金。简单来讲，它就是将大多数（一般至少为90%）的资金都投资于ETF基金的基金。

ETF基金和ETF联接基金都尽可能地密切跟踪同样的指数，并力求与其拥有相同的走势。运作方式也与开放式基金相同，投资者可以根据个人需要随时进行交易操作。

总的来说，上述二者在类别上都属于基金，而ETF联接基金主要的投资对象是对应的ETF基金，所以它也类似于FOF，即基金中的基金。

（2）ETF联接基金的跟踪误差相对较大

因为ETF联接基金的运作方式开放，所以为了应对随时可能产生的赎回需要，一般来讲其最高仓位为95%，无法满仓操作。

ETF基金的申购和赎回流程则较复杂，它需要投资者通过购买股票换取基金份额，也需要投资者通过将赎回的股票卖出换取现金。因此，ETF基金无须存留现金来应对突然产生的赎回需求，最高仓位可达100%。

这种差异的存在就会导致在一般状态下，ETF联接基金的跟踪误差会稍大一些。但因为有可能是正误差，所以这不一定是坏事。ETF联接基金的资金除了投资于对应ETF基金的90%左右以外，剩余的部分还可以用于进行主动投资，以博取超额收益。

（3）ETF基金和ETF联接基金的交易平台不同

ETF基金只要通过股票账户即可购买，但它的缺点是无法进行定投。ETF联接基金则没有这种顾虑，其通过基金销售平台交易，一般都可以提前设置好相关信息。未来投资者只要确保绑定的账户资金充足即可，系统会自动按先前设置好的信息进行定投操作。

（4）ETF基金和ETF联接基金的交易费用不同

ETF基金只涉及佣金这一项费用。而ETF联接基金还需要缴纳申购费，一般费率范围为1%~1.5%，部分平台会有折扣，以购买时的实际情况为准。赎回费的收取标准则与持有时间有关，通常持有时间越短，赎回费就越高。一般来讲，如果持有时间不满7天，则收取1.5%；不满1年，则收取0.5%；2年以上，费用便可降为0。

相对来看，ETF联接基金在交易时需要缴纳的费用整体较高，不适合投资者用于进行交易行为频繁的短线投资。很多基金公司也考虑到了这一点，于是为了满足短线投资者的需求，将ETF联接基金分成了A份额和C份额两个部分，资金合并运作。二者唯一的不同之处在于交易费用。A份额部分会向投资者收取申购费与赎回费，适用于进行长期投资。C份额部分不收取申购费，达到一定的持有时间后也不收取赎回费，适用于进行短期投资。但是，投资者需要每年缴纳0.2%~0.4%的销售服务费。

那么，投资者应该怎样选择这两种基金呢？

一般来讲，投资者要进行场内交易可选择ETF基金，场外交易可选择ETF联接基金。ETF基金比较适合有实力的投资机构或有一定专业水准的投资者，而ETF联接基金则要求更低，更适合大部分普通投资者。

同时，投资者可以参考以下几点。

第一，ETF基金由于其费率低，跟踪误差也较小，更适用于把握短期波段的收益。

第二，ETF基金可以在日内盘中实时交易，但投资者也需要密切关注二级市场的成交量。

第三，ETF联接基金在定投方面整体更具优势。

投资者可结合以上要点根据自身情况进行选择，最适合自己的才是最好的。

完全复制型指数基金和增强型指数基金

按照复制方式分类，指数基金可以分为完全复制型指数基金和增强型指数基金两种。

完全复制型指数基金的主要投资手段为将所跟踪指数的全部或大部分成分

股作为自己的投资对象，在此基础上构建自己的投资组合，力求获得和所跟踪指数一样的收益。

完全复制型指数基金采用的投资方式是被动的，它试图通过将所投资的成分股全部按照标的指数的权重进行配置、调整，对指数进行模仿，以达到尽可能地缩小跟踪误差、与标的指数走势完全统一的目的。虽然最终结果会因为投入比例变化而产生偏离，但差距极为微小。

增强型指数基金则更加进取，它将自己的大部分资产参照所跟踪指数的权重分布进行配置，并在模仿所跟踪指数的基础上，同时划分出一小部分资产进行额外的投资，力求通过基金经理的主动投资策略获得能够超越原指数业绩的收益。

该类基金的投资自主性较强，没有固定的模式。它们之间唯一的共同点在于，最终目标都是能取得高于所跟踪指数收益水平的成功、追求超额收益。

增强型指数基金将被动与主动的投资方式结合在一起，在不逾越原投资策略大范围的基础上，有意识地小幅度使用积极主动的增强手段，以完成最终的收益目标。也正因此，它会有更大的灵活性。

除了关注二者本身的投资策略以外，投资者在配置基金时的挑选策略也应当有所区别。

投资者在挑选完全复制型指数基金时，需要关注的主要是投资的时间和标的的选择，而基金经理的个人能力影响不大。

考虑到其被动的投资策略和牛市的特性，投资者在实施投资前，要先判断后市是否看涨或看多。如果投资者在分析后看好后市，并且判断市盈率也比较低，便可以介入，然后再挑选符合自己投资风格的指数标的进行组合配置。投资者主要需要参考的是自身更偏向成长性还是稳健性。

除了判断时间和筛选标的以外，投资者还要观察基金经理本身的投资能力，主要包括他的择时与择股眼光，还有他对增强策略的设计。

基金经理常用的增强策略有以下两类。

一是选择股票进行投资。在按跟踪指数进行部分资产分配的基础上，基金经理可以将剩余资产投向有升值潜力的个股、板块，还可以通过在不同类型、不同方向的股票上调整仓位以提高投资效率。

二是进行金融衍生产品的投资。基金经理可选择买入看多的股票价格指数期货。因为其拥有一定的杠杆效果，所以要想复制指数的表现，所需要的资产并不多。剩余的资产可以用于投资到固收类的证券产品或者货币市场工具中。只要其最终的收益大于购买股票价格指数期货的成本，投资者就完成了增强投资效果的目标。

基金经理所采用的增强策略一般会在合同中注明，投资者在选择时可以多加关注。

如果基金经理操作得好，就可以在牛市时给客户带来比对应指数更高的收益，在熊市时也能为客户减少损失。但如果基金经理的能力偏弱，增强型指数基金的表现很可能不仅不会超越对应指数，甚至还会劣于完全复制型基金。所以，投资者挑选这类基金的难度会更大一些。

从目前的市场数据来看，增强型指数基金的整体收益表现水平还是比完全复制型指数基金高。投资者在选择时还是应当综合多方面的因素进行评估，充分考虑自己的风险承受能力。

2.2 行业指数基金谁最值得买

行业指数是指按公司的主营业务进行划分的指数，它体现了一个行业的股票走势。一般来说，较常见的行业指数有以下几类：必需消费行业的指数基金、医药卫生行业的指数基金、可选消费行业的指数基金、养老行业的指数基金、银行业的指数基金、证券行业的指数基金、保险行业的指数基金、金融行业的指数基金、房地产行业的指数基金等。

外资买入最多的四大行业分别为必需消费（25.07%）、可选消费（21.25%）、金融（17.23%）、医药卫生（13.95%）。从历史收益的角度来看，这四个行业的长期收益水平也基本稳定于领先状态。因此，普通投资者也应该将其作为参考，主要从这四个行业中挑选行业指数基金。

必需消费行业基金

必需消费所指的就是我们每天生活中必不可少的消费品，如肉类、饮料、酒水、农副食品、日化等生活刚需。无论经济好坏，我们在这方面都必须持续消费。正是因为这种稳定的需求，必需消费品板块在过去几十年中从未落幕，牛市大涨、熊市小跌，是一只可穿越牛熊市的好基金品种。

考查指数的表现，通常需要用到以下两个概念。

一是价格指数。价格指数如同它的名字一般，仅参考股票价格的波动，不包含上市公司分红等因素。所以，它能直接反映指数内股票价格发生的变化。

二是全收益指数。全收益是将上市公司股票分发的现金分红一起投资到原组合中获得的比较全面、完整的收益。因此，全收益指数既能反映公司股价的波动，还能体现公司所有股票分红再投资的收益，也就更能精准地反映指数内所有股票的真实表现。

上述两种指数的主要区别在于是否计算公司股票分红及其再投资的总收益。公司股票的分红金额越高、持续时间越长、再投资产生的收益越高，则二者之间的区别就越不能被忽视。因此，在考查指数的长期表现时，参考全收益指数会更准确。

必需消费行业的涨幅一直远远领先于其他行业，拥有很大的投资优势，如图 2-1 所示。

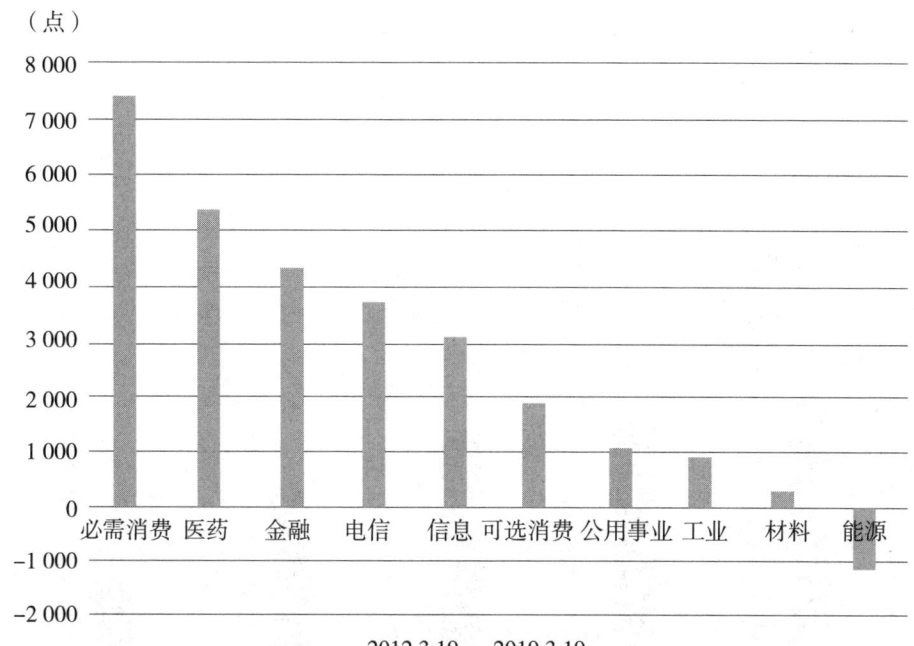

图 2-1 各行业指数区间涨跌

对比 2009—2019 年几大必需消费指数的业绩，中证消费指数最优秀。其年化收益率为 14%，远远超过了大盘。对比年化波动率，中证消费、全指消费、上证消费三者水平相当，如图 2-2 所示。

必需消费板块在全球市场均表现不俗，也拥有许多在投资界广受大咖喜爱的明星企业，如美国的可口可乐公司、亨氏公司，日本的明治乳业，中国 A 股的贵州茅台集团、伊利集团等。

这类企业共同的特点是市场需求稳定，受经济周期影响较小，利润有保证，现金流充裕，因此是价值投资者的首选。投资者在选择指数时，应重点考虑其背后的底层资产。例如，中证消费指数，其权重集中于必需消费板块中的食品类个股，白酒、调味品、饮料、猪肉这些产品的日常需求都较稳定。

中国人口众多，有庞大的消费根基，我们完全无须担心必需消费行业的前景。

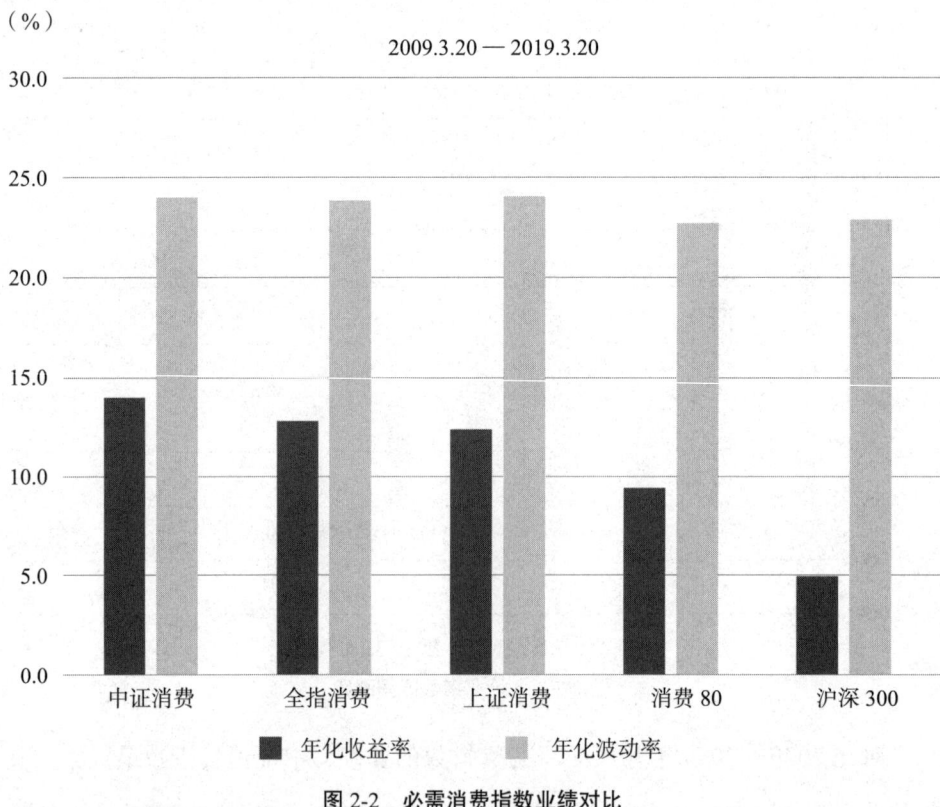

图 2-2　必需消费指数业绩对比

医药卫生行业基金

医药卫生行业比较稳健，拥有众多优势，一直都广受投资者的青睐。

首先，医药卫生行业需求稳定，无论经济状况低迷或繁荣，人总会生病，从而会产生医药消费。而且，随着民众财富的增加和人口老龄化的加剧，活得更健康、更长久成为人们日益突出的需求，人们在医药保健方面的投入也就越来越多。因此，医药卫生行业有长期走牛的需求基础。

其次，决策和消费分离，多样化的支付主体，以及事关生命健康的特殊性质，决定了不管价格高低，只要药品有作用，医生都会将其写入药方，我们也都会为它消费，更何况还有社保、医疗保险帮我们分摊费用。

以上因素相加，使医药卫生行业成了绝佳的投资标的。

不过，医药卫生行业虽然牛股辈出、长期表现优异，但其个股的风险也是极大的。因为这类企业一旦出现"黑天鹅"，基本上都无法挽回。毕竟生命无法重来，容不得半点差池。近些年随着监管力度的加强，医药股事件频发，轻则腰斩，重则直接退市。

此外，许多创新药的研发费用也是十分惊人的。医药卫生行业有"十年十亿"的说法，意为新药的研发过程需要十年，还要花费十亿元，最后成功率却可能还不到十分之一。

对于普通投资者来说，医药专业知识晦涩难懂，对医药股的研究更是难上加难，直接投资医药个股并不是优选。所以，买入医药卫生行业指数基金是一个更加合适、稳妥的选择，能够大大压缩投资的风险。只要整个行业稳定发展，投资者便可通过长期定投获得不错的收益。

在申万行业指数所有一级行业的业绩数据中，必需消费行业和医药卫生行业一直稳居第一与第二。即使处于熊市，医药消费依然涨多跌少。所以，医药卫生行业基金是基金投资中必不可少的防御型配置。

医药卫生行业深受广大投资者的信赖，甚至被夸赞为"全民刚需""防御性行业""无惧熊市"。新冠肺炎疫情爆发后，国家出台了一系列医保改革的意见，医药卫生行业在众多行业中依然较稳定。医药卫生行业是比较具有代表性的成长型行业，具有较大的发展潜力，整体走势和创业板指数较相似、水平相当，并普遍高于沪深300指数，如图2-3所示。

医药卫生行业基金还可以分为七个小类：制药、医疗器械、制药器械、医疗服务、医疗零售、卫生材料与医药商业。投资者在进行选择时，一定要谨慎考量，多方面了解后再做决定。

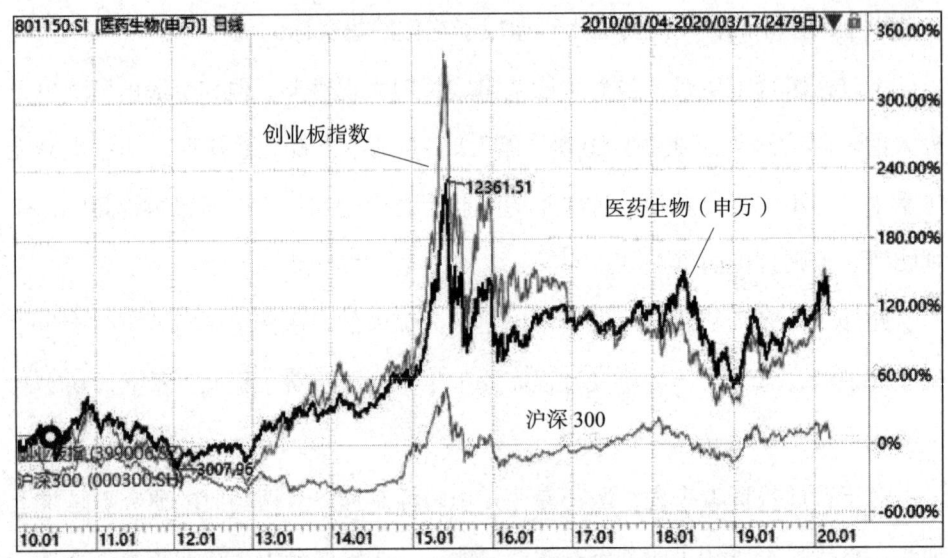

图 2-3　医药生物与创业板指数、沪深 300 指数走势对比

首先，医药卫生行业下属的子行业之间差别较大，不同的细分类别在近两年的涨跌幅度差别也很明显，如图 2-4 所示。

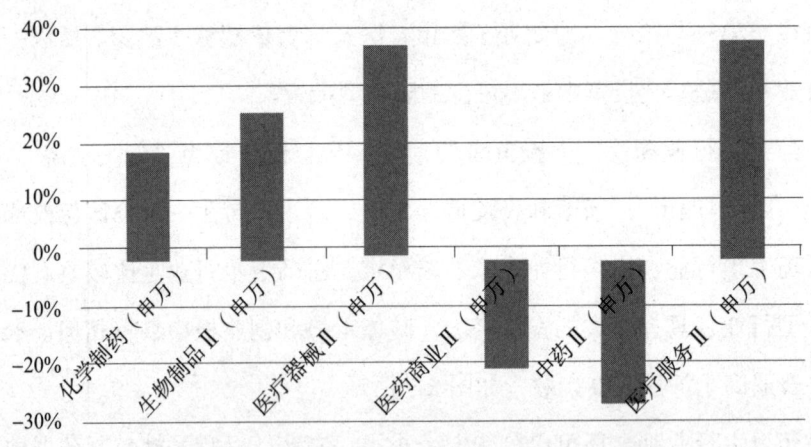

图 2-4　2018—2020 年医药卫生细分行业涨跌幅度

其次，在医药卫生行业内，不同企业的市值条件不同，它们的涨跌幅度差距也非常大。市值排行前 30 名的龙头股整体表现都远远优于其他个股，并远超医药卫生行业指数的平均水平。

医药卫生行业本身的性质决定了这种差异,它受国家法律政策的影响相当大,并且与医药改革、医保控费药品审批、药品降价等法律法规的相关性明显。除此之外,医药卫生行业还存在专业壁垒较高、研发所需要的投入多和科研难度较大等问题。特别是许多创新型药企,其投入产出比也极其不稳定,差别相当大。

上述问题提醒我们,在投资中不仅要对细分行业精心筛选,更要仔细甄别基金个股之间的差异。如果我们选择了较差的子行业或没能选中龙头股,即使同样是医药卫生行业的基金,其表现也千差万别。

金融行业基金

金融行业是一切行业的源头,是国家发展的血脉,是不可或缺的一部分。一切经济活动都离不开金融行业,企业的融资都要通过金融这个行业来实现,所以金融行业的基金是非常值得投资者长期关注并配置的。而且,金融行业的盈利能力非常强,如工商银行,其一年的净利润就达到了3 000多亿元,平均一天接近10亿元。

金融行业是一个非常典型的周期性行业。周期性行业的特点是与国内或国际经济波动之间的关联性较强,受该因素的影响明显。此类行业的某些方面一般会呈周期性波动,例如,券商会因为牛市和熊市的变化而产生业绩波动,航空股会因为油价的波动而产生成本变化。

我们在做证券投资时需要特别注意一个数据——市净率。市净率是公司每股市价与每股净资产的比率,这个比率可帮助投资者对股票投资价值进行分析。一般来说,市净率较低的股票,投资价值较高;相反,则投资价值较低。当然,在估算投资对象的具体价值时,我们还需要综合考虑当下的市场环境发展状态,以及公司的经营能力、盈利水平等多种影响因素。其投资规则可以概括为一点：强周期性行业在其市净率的底部买入，进入投资市场；对应地，在市净率的顶部卖出，并且在到达高估范围时最好选择一次性卖出。

目前国内上市的金融公司，主要以银行、证券、保险三个方面为主，我们在进行金融行业基金投资时主要也应该考虑这三个方向。

银行

银行为百业之先，与每一个行业都息息相关。因为每一个行业的发展都离不开资金需求，有资金需求就与银行有关联。

投资银行业，通常有两个方向。

第一，通过投资与上证50指数、H股指数、基本面50指数、50AH优选指数等相关的指数基金来投资银行股。目前，我国的银行股以大盘股居多，市值规模普遍较大。所以，在这些以大盘股为主的指数中，其成分股会包含很多主要的银行股，投资它们也就等同于投资了这些银行股。

第二，如果投资者想投资专门的银行业指数基金，可考虑对中证银行指数进行追踪。投资策略可根据市净率估值来决定：市净率<1，开始投资；1<市净率<2，持有；市净率>2，卖出。

证券

证券行业的周期性取决于市场行情，牛市时证券行业的指数会有明显的上涨现象，熊市时则会明显下降。在投资证券行业时，投资者通常跟踪的是中证全指证券行业指数基金。针对此行业，市净率<1.8，开始投资；1.8<市净率<3.3，持有；市净率>3.3，卖出。

保险

虽然保险行业很重要，但目前上市的保险公司数量并不多，所以市面上没有纯粹的保险行业指数基金，投资者可以通过非银金融行业的指数基金来投资。与其相关的指数不多，300非银指数较常见，其中的成分股主要为沪深300指数中剔除银行股之后剩余的金融企业股。针对此行业，市净率<1.8，开

始投资；1.8< 市净率 < 3.3，持有；市净率 >3.3，卖出。

如果想长期配置行业指数基金，投资者可以从金融行业入手，谨慎选择。

可选消费行业基金

可选消费主要针对的是日常生活中用于提升人们生活质量的消费品，一般包含耐用消费品、汽车及其零配件、纺织服装、奢侈品、消费者服务、传媒等。

与必需消费行业相比，可选消费行业主要拥有两个特点。

（1）可选消费行业有很强的周期性

人们可以不旅游、不买汽车、很长时间内不买新衣服，但是不能长时间不吃饭、不喝水。所以，虽然可选消费品也是消费品，但人们对其不像必需消费品那样需求强烈。经济状况不佳时，人们更可能推迟购买可选消费的商品。所以，它最大的特点是需求度较低，没有必需消费的需求稳定；有一定的周期性，主要依赖于人均消费水平的提升。

（2）可选消费行业有更新换代的特点

人们吃的米面与调味品与以前相比没有多大变化，但每经过一定的时间周期，可选消费产品就会完成一次升级换代。例如，笔记本电脑、智能手机等电子产品，以及冰箱、空调、洗衣机等，每个时代都有代表性的可选消费产品和企业，升级换代特征较明显。

从宏观发展来看，随着人们购买能力的普遍提高，追逐品质生活成为主要需求。在这种趋势下，企业为了迎合消费者的愿望，满足人们对高品质生活的需求，也都在提高各自产品的质量，提升企业人员的服务水平。因此，可选消费行业的潜力巨大。近些年广受欢迎的餐饮旅游、定制家居、新能源车，还有已成为人们生活中不可或缺的一部分的外卖、团购等，这些提高生活品质的消费领域的增速都持续升高，也出现了不少的牛股。

尽管如此，市场上的可选消费行业指数依然不多，常见的仅有中证可选消费指数、全指可选指数和上证消费80指数，跟踪这些指数的基金产品就更是少之又少。不过，市场上还有一些同时投资了必需消费行业和可选消费行业的指数可供选择，如消费50指数和消费龙头指数等。

消费50指数和消费龙头指数非常相似，都是从必需消费行业和可选消费行业中挑选出50家龙头上市公司。区别在于，消费50指数剔除了汽车和传媒行业的股票，而消费龙头指数包括这两个行业。因为汽车和传媒行业的周期性相对来说较强，盈利变化大，缺乏稳定性。

不同国家所处的消费环境、所持的消费理念不同，消费行业的长期收益也不同。目前看来，我国A股里必需消费行业的长期收益是高于可选消费行业的。但美国大部分家庭在食品饮料上的开支变化并不大，美股中可选消费行业的收益会更高一些。

从普遍情况来看，对需要参考估值的指数进行投资都存在风险。因为在估值的过程中，我们统计的都是过去的数据，未来的走势与过去并不一定相同，数值区间也可能产生变化。因此，投资者需要结合现实条件和具体策略，谨慎考虑后再入市，尽可能降低风险。

2.3 常见的宽基指数基金

与窄基指数相对，宽基指数涵盖的范围更广，包含10只以上的成分股，并且不限制成分股所在的行业，没有限定范围，从整个市场选择投资标的。

一般来讲，宽基指数有以下五大标准。

- 含10只或更多只股票。

- 单个成分股的权重不超过 30%。
- 权重最大的 5 只股票相加不超过指数总额的 60%。
- 成分股每日平均交易额大于 5 000 万美元。
- 包含的行业种类多。

与其特征相对应，宽基指数基金的优势即在于它的行业覆盖更全面，稳定性与生命力更强，指数基金投资入门建议选择宽基指数基金。常用的宽基指数如图 2-5 所示。

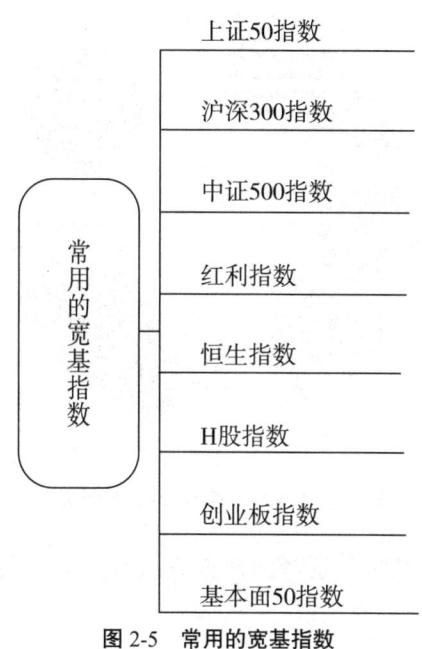

图 2-5　常用的宽基指数

A 股：沪深 300、中证 500 和创业板指数

（1）沪深 300 指数

沪深 300 指数的成分股来自于上海和深圳两大证券市场，以市值和流动性为主要参考标准，选取最优秀的 300 只股票，综合反映了 A 股市场整体的股票价格水平。它被称为 A 股市场走势的"晴雨表"，是中国股市中最具代表性的

指数。

官方发布的数据显示，沪深300指数覆盖的行业比较全面，行业权重分布均衡，金融地产行业占比最大，达29.64%；第二是主要消费，达15.9%；第三是工业，达11.59%，如图2-6所示。

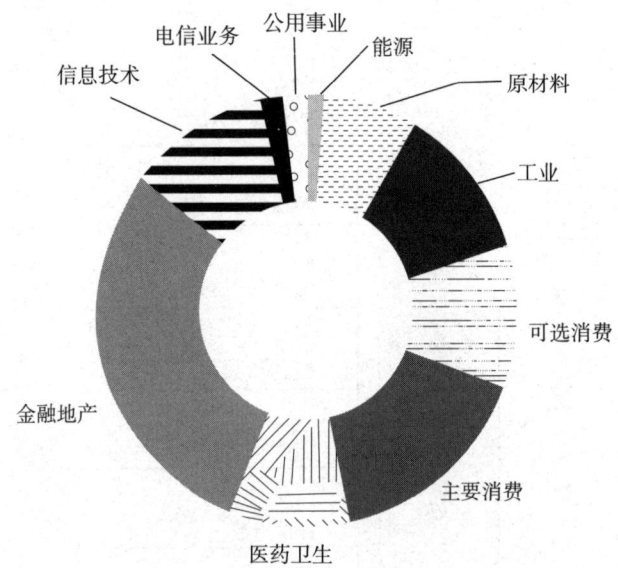

图2-6 沪深300指数行业权重分布

总体来看，沪深300指数选择的样本股相当优质、全面，但还是以大盘股为主，缺少中小盘股。

在沪深300指数的十大权重股中，金融地产类比例仍然是最高的，达9.47%；主要消费紧跟其后，达9.34%，如图2-7所示。

沪深300指数是定投中常见的一个选择，跟踪它的产品较多，而且它的波动率是最小且最稳定的，如图2-8所示。它的标的都是"大蓝筹"，其中又以难涨难跌的金融地产为主。所以，它虽然涨得不快，但是跌得也慢。这个指数适合追求稳定的投资者，较难有很大的惊喜，但也不会有很大的惊吓。

十大权重股			截止日期:2021-04-09
代码	简称	行业	权重
600519	贵州茅台	主要消费	5.35
601318	中国平安	金融地产	4.41
600036	招商银行	金融地产	3.28
000858	五粮液	主要消费	2.71
000333	美的集团	可选消费	2.08
600276	恒瑞医药	医药卫生	1.79
601166	兴业银行	金融地产	1.78
000651	格力电器	可选消费	1.56
601888	中国中免	可选消费	1.55
600887	伊利股份	主要消费	1.28

图 2-7　沪深 300 指数十大权重股

2021-04-09	阶段性收益			年化收益率			年化波动率		
	1M	3M	YTD	1Y	3Y	5Y	1Y	3Y	5Y
创业板指	5.69%	-11.66%	-6.17%	39.37%	14.76%	4.53%	29.39%	28.89%	26.00%
沪深300	1.29%	-8.37%	-3.38%	32.76%	9.33%	9.59%	20.79%	21.85%	18.72%
中证 500	3.72%	-3.39%	-0.50%	19.03%	1.68%	0.53%	20.59%	24.00%	21.68%

图 2-8　沪深 300 指数、中证 500 指数和创业板指数的表现对比

（2）中证500指数

中证500指数也是投资者定投可以选择的一个优秀标的。中证500指数的成分股也全部来自于A股，由其中剔除沪深300指数成分股及总市值排名前300名的股票后，规模大、总市值排名靠前、流动性好的500只股票构成，主要成分股都是中盘股。它与沪深300指数不同，主要反映的是A股市场内中小市值公司的股票价格水平。

中盘股的特点是与其他股票类别相比较中庸，通常由二线蓝筹股组成，个股权重也相对分散，十大权重股总占比仅为7.43%，有利于避免单只股票波动对指数的影响，风险较小，如图2-9所示。

十大权重股　　　　　　　　　　　　　　　　　　　　　截止日期:2021-04-09

代码	简称	行业	权重
300274	阳光电源	工业	1.24
300012	华测检测	工业	0.90
600089	特变电工	工业	0.74
600426	华鲁恒升	原材料	0.72
600143	金发科技	原材料	0.68
300496	中科创达	信息技术	0.67
603882	金域医学	医药卫生	0.63
002074	国轩高科	工业	0.63
300285	国瓷材料	原材料	0.61
601966	玲珑轮胎	可选消费	0.61

图2-9　中证500指数十大权重股

中证500指数也有较均衡的行业权重分布，其中以工业、原材料、信息技术等行业为主，如图2-10所示。这些行业具有高成长性和弹性，能推动指数大幅上涨。

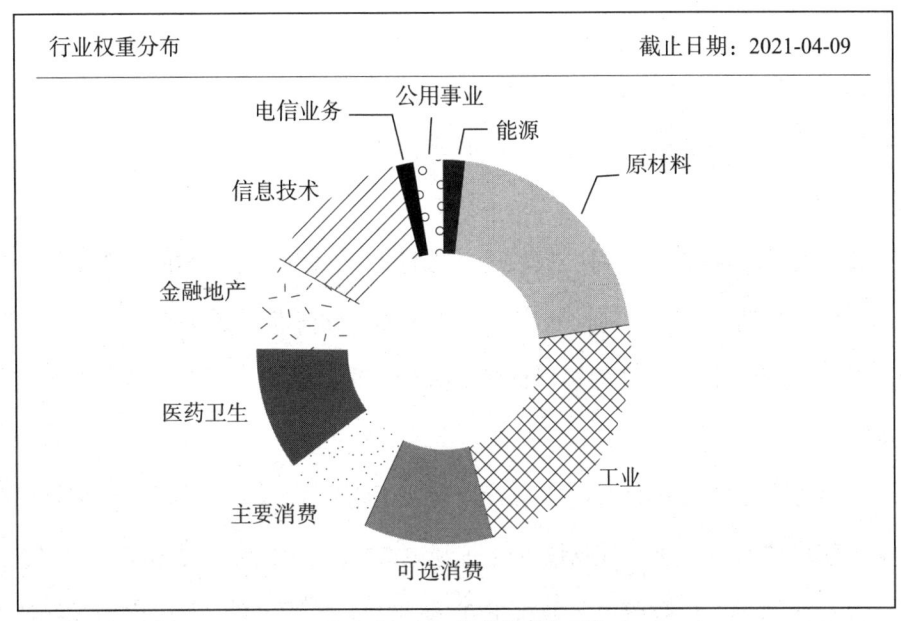

图 2-10　中证 500 指数行业权重分布

目前市场上跟踪中证 500 指数的产品种类丰富，有 ETF 基金、LOF 基金等，数量也很多。此类产品适合想博得更高的收益，同时风险承受能力也稍高一些的投资者。投资者在定投时对于跌得多和跌得久需要拥有一定的心理准备。

（3）创业板指数

创业板这个证券交易市场是专为创业型企业和高新技术企业等需要融资、发展的企业打造的，为它们提供融资的途径和发展的空间，是对主板市场的重要补充。

创业板指数以创业板市场内所有股票的流通市值为参考，逐一计算各股票当天的股价，再通过加权平均计算，与开板首日的基准点进行比较，得出最终结果。该指数容纳了创业板市场中流动性最好、市值规模最大的 100 只股票，其编制方法参照了深证 100 指数和深证成分指数的编制，并对照了国际惯例（包括全收益指数和纯价格指数）。它能反映创业板市场的运行情况，是该市场最具代表性的指数之一。

创业板指数具有以下特点。

① 创业板指数选样主要参考两个指标：样本股的流通市值在市场中的占比和成交金额在市场中的占比，它们能够展现深市的流通市值高、成交活跃等特点。

② 创业板指数在计算时的权数为指数样本股自由流通股本的精确值，减弱了因股份不平衡而产生的杠杆效应，使计算结果更精准、更真实。

③ 创业板指数每季度都会对样本股进行一次调整，以符合创业板市场成长速度快的特征。

从官方发布的行业分布情况来看，创业板指数前三大权重行业分别是医药卫生、信息技术和工业，行业权重分别为31.22%、23.23%、22.86%，如图2-11所示。观察创业板指数历史行业权重变化，其前五大权重行业占比始终保持在70%上下。其中，医药卫生行业占比逐年上升，计算机、传媒行业占比逐年下降。创业板指数的前十大权重股目前偏重于医药卫生企业，如图2-12所示。

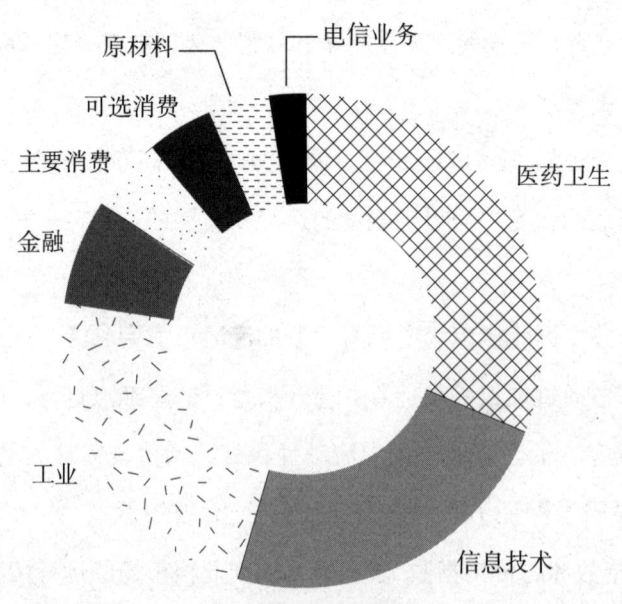

更新时间：2021-04-09

图 2-11　创业板指数行业分布

日期	样本代码	样本简称	所属行业	自由流通市值*	总市值*	权重(%)
2021-03-31	300750	宁德时代	工业	3114.81	7504.87	11.53
2021-03-31	300059	东方财富	金融	1730.00	2347.94	6.41
2021-03-31	300760	迈瑞医疗	医药卫生	1562.76	4851.95	5.79
2021-03-31	300122	智飞生物	医药卫生	1001.75	2759.84	3.71
2021-03-31	300015	爱尔眼科	医药卫生	985.84	2442.00	3.65
2021-03-31	300124	汇川技术	工业	901.39	1470.54	3.34
2021-03-31	300014	亿纬锂能	信息技术	780.95	1419.48	2.89
2021-03-31	300498	温氏股份	主要消费	780.10	1078.39	2.89
2021-03-31	300347	泰格医药	医药卫生	731.84	1124.86	2.71
2021-03-31	300142	沃森生物	医药卫生	670.78	706.63	2.48

图 2-12 创业板指数前十大权重股

历史业绩显示，创业板指数的净利润在 2017 年出现了下滑现象；2018 年深蹲起跳；2019 年增速转正，业绩显著改善；2020 年在新冠肺炎疫情的影响下，创业板指数的归母净利润仍保持较高的增速，第二季度、第三季度的增速均超 30%。

创业板指数在营收、归母净利润复合增速上的表现均优于其他主要宽基指数，且长期收益表现较亮眼。分年度来看，创业板指数在牛市的表现要略强于熊市，弹性比较大。目前市场上跟踪创业板指数的基金产品也比较丰富多样。

总体来看，创业板指数爆发力强，具有较高的投资价值，但稳定性弱，在投资前需要进行风险预测，做好心理和资金准备。

港股：恒生指数、H 股指数和香港中小指数

我国有许多活跃的证券交易所，除了常见的沪市和深市以外，还有一个证

券交易所也不容忽视，那就是香港证券交易所（简称"港交所"）。香港股票市场已经发展得较成熟，从世界十大证券交易所排名来看，港交所位居第五名。港股市场与内地市场的关系非常紧密，腾讯、联想、比亚迪等知名公司均在港交所上市交易。在众多港股指数中，有一些也为人们所熟知，十分具有投资价值。

（1）恒生指数

恒生指数成立于1964年，历史悠久，在港股中相当具有代表性。

该指数和上证50指数很相似，代表的是港股的蓝筹股。它包含港交所全部上市公司中前50家市值规模最大、成交最活跃、流动性最强的公司，每季度都会重新筛选一次，以体现香港股市的整体水平。

中国移动通信等在港交所上市的知名公司由于自身的规模较大，所以同样会被选为恒生指数的成分股。该指数中影响力较大的成分股主要有建设银行、汇丰控股等。

恒生指数与沪深300指数相比，回撤值更小，适合将其配置在组合中，降低整体的波动性，以达到更好的投资效果。

（2）H股指数

H股是指注册于内地，但在香港上市、使用港币进行交易的公司的股票。如今有很多公司选择在香港上市，为了反映它们的经营状况、衡量它们的表现，恒生指数公司编制了恒生中国企业指数，简称"恒生国企指数"，也就是我们常说的H股指数。

如图2-13所示，H股指数长期表现较佳，适合投资者投资，甚至被称为"价值洼地"。该指数反映的是H股中较大型股票的表现。H股指数与恒生指数有所不同，对成分股的数量不设特别严格的限制，但要求成分股必须在恒生综合指数内。因为H股公司的市值都很大，所以其中有很多同时也是恒生指数的成分股，如腾讯控股、中国平安、中国工商银行、中国移动等。

图 2-13　H 股指数历史点位和市盈率变化

最初的 H 股指数中仅有 10 只成分股，2000 年时才增加为 40 只，以 2000 为起始点数，这个标准沿用至 2017 年。2018 年，H 股指数再次扩容，成分股数目增加为 50 只。

截至 2020 年 7 月底，恒生综合指数的成分股数量为 476 只，H 股指数则为 50 只，仅占恒生综合指数的 10.5%。然而，H 股指数的市值却高达 21.7 万亿元，占恒生综合指数市值 48.5 万亿元的 44.7%。由此可见，H 股指数完全可以说是香港股票市场的市值核心。

2020 年初至 2020 年 7 月底，恒生综合指数的日均成交额约为 930.8 亿元，H 股指数的日均成交额约为 362.6 亿元，占比达到近 40%。因此，H 股指数可以被看作香港股票市场的交易核心。

在行业分布方面，H 股指数基本将重心押注于金融、地产行业，占比超过一半，指数表现跟整体宏观经济密切相关。

官方数据显示，H股指数与恒生指数之间的相关性系数高达0.96（完全相关数值为1）。因此，在一般情况下，对这两个指数选一个投资即可。如果想要长期投资，恒生指数包含的成分股会更有成长性，有一定的优势。但是，就单一低估事件来投资的话，H股指数的低估值则更加纯粹，投资者可根据自身偏好和实际情况进行选择。

（3）香港中小指数

沪深300指数囊括了A股最核心的300只大盘股，中证500指数则包含随后500家优秀的中盘股。在港股市场中，恒生指数和H股指数主要投资于大盘股，其定位与沪深300指数相似，而香港中小指数则为港股内众多中小盘股的代表。

由于中小盘定位相似，许多人都习惯将香港中小指数对标中证500指数，香港中小指数也因此获得了"港版中证500"的别称。但从市值规模来看，香港中小指数的平均市值高达318亿港元，总市值中值为233亿港元，而中证500的平均市值换算为港元仅有100多亿港元，与香港中小指数存在较大的差距。从持仓情况看，香港中小指数前十大持仓股中包含融创中国、蒙牛乳业、石药集团等优质白马股，成分股质地整体优于中证500指数。从指数估值和ROE数值来看，香港中小指数可预测的投资价值也要远远高于中证500指数。

香港中小盘指数具有高度分散的特点，与成分股高度集中的H股指数基本不重叠。两者相比而言，香港中小盘指数的风险系数更高，但长期市场表现也更好。

与A股中小盘对比，香港中小盘与其收益相近，但波动更小，所以更适合能承受中等风险的投资者。

美股：纳斯达克100指数、标普500指数

（1）纳斯达克100指数

纳斯达克现已成为全球最大的证券交易市场，日常功能主要为收集并发布

场外交易非上市股票的证券商报价。纳斯达克100指数主要投资的就是纳斯达克市场内部规模最大的100家大型公司的股票。

纳斯达克100指数是纳斯达克最主要的指数,其全部成分股均具有高科技、高成长和非金融的特点。因此,纳斯达克100指数可以被称作美国科技股的典型代表。其前十大权重成分股中占比最高的行业便是计算机,权重最大的公司则是苹果公司。另外,微软、京东、百度、英特尔等诸多知名公司也拥有较大的权重。

纳斯达克100指数中,这些成长性极高的股票的优秀业绩都并非来自如资产注入等外延式的增长,而都是由各自内生性的高成长带来的,特别是创新业务。

在美国本土有很多追踪纳斯达克100指数的基金产品。不过,国内投资者要想投资海外市场的指数基金仍比较困难,主要的途径是通过QDII指数基金来投资。

相比同类型基金,纳斯达克100指数基金主要有以下三个优势。

① 费率优势:其C类份额无申购费,且持有7天以上便可免赎回费。

② 效率优势:通过直销渠道赎回,一般T+4日就可以到账,在QDII指数基金中效率优势突出。

③ QDII额度充裕。

观察纳斯达克100指数所有成分股的行业分布可以看出,科技股的权重占比高达53.55%,其次是可选消费(24.38%)、医疗保健(6.50%)、通信(5.66%)、工业(5.23%)、日常消费(3.54%)、公用事业(0.92%)、原材料(0.21%),如图2-14所示。

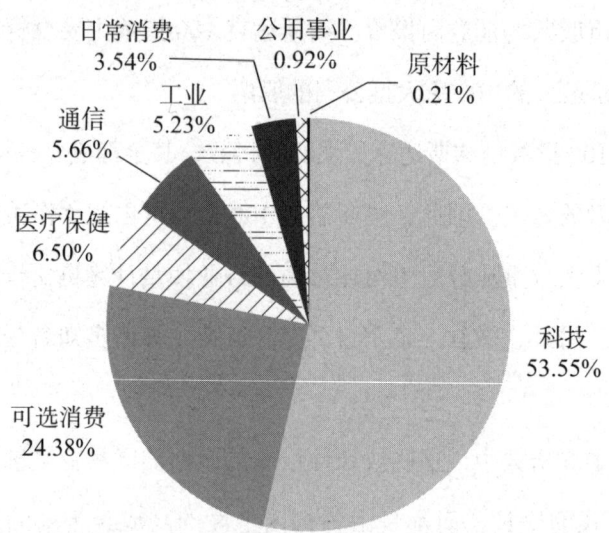

图 2-14 纳斯达克 100 指数行业权重分布[①]

依据 Wind 数据库记录的数据，图 2-15 与表 2-2、表 2-3 分别展示了包括纳斯达克 100 指数在内的美股、A 股主要宽基指数 2014 年以来的净值曲线走势对比，以及它们的年化收益率和波动率。数据显示，在波动率相差不大的情况下，纳斯达克 100 指数在美股中有较高的年化收益率，也具有较高的夏普比率。

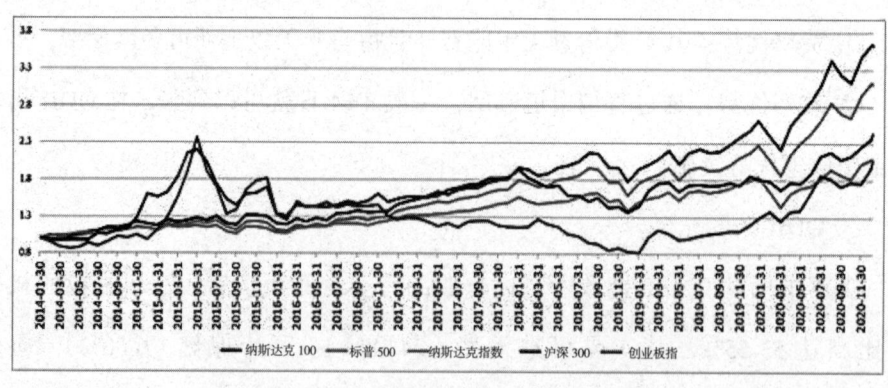

（截至 2021 年 2 月 5 日）

图 2-15 5 类指数的净值曲线走势对比

[①] 数据截至 2021 年 2 月 5 日，指数中的个别行业的分类百分比存在四舍五入的情况，故百分比未必等于 100%。

表 2-2　5 类指数年化收益率（%）

	纳斯达克 100	标普 500	纳斯达克指数	沪深 300	创业板指数
区间年化	20.48	10.95	18.26	13.14	13.79
2014	17.94	11.39	13.40	51.66	12.83
2015	8.43	−0.73	5.73	5.58	84.41
2016	5.89	9.54	7.50	−11.28	−27.71
2017	31.52	19.42	28.24	21.78	−10.67
2018	−1.04	−6.24	−3.88	−25.31	−28.65
2019	37.96	28.88	35.23	36.07	43.79
2020	47.58	16.26	43.64	27.21	64.96
2021	5.55	3.48	7.51	5.22	7.67

统计区间：2014 年 1 月 1 日—2021 年 2 月 5 日

表 2-3　5 类指数年化波动率（%）

	纳斯达克 100	标普 500	纳斯达克指数	沪深 300	创业板指数
区间年化	20.43	18.44	20.29	23.94	31.23
2014	13.90	10.96	13.88	19.17	24.98
2015	18.08	15.57	17.00	39.25	50.36
2016	16.33	13.06	16.00	22.11	33.87
2017	10.40	6.78	9.72	10.11	16.49
2018	22.99	17.25	21.15	21.34	27.85
2019	16.24	12.32	15.58	19.77	26.00
2020	35.98	34.26	35.11	22.64	30.91
2021	22.96	21.70	22.36	14.78	20.30

统计区间：2014 年 1 月 1 日—2021 年 2 月 5 日

（2）标普 500 指数

标普 500 指数的历史比较悠久，由标准普尔公司编制，收纳了美国 500 家优秀上市公司的股票。其覆盖的全部公司都在纳斯达克证券交易所、纽约证券交易所等美国主要的交易所上市。它包含的公司很多，因此风险非常分散，也能够反映更广泛的市场变化。

标普 500 指数和沪深 300 指数相似，同样是蓝筹股指数，但它并不单纯依照上市公司的规模来选股。标普 500 指数在挑选公司时对市值规模并没有特别的限制。也就是说，其中不仅包含很多大公司（约占 90%），也包含很多中型公司（约占 10%）。只要这家公司是某个行业的领导者，即可入选该指数。因此，标普 500 指数是一个具有主观色彩的指数，判断标准灵活。

除此之外，其成分股的 ROE 数值（净资产收益率）也是入选的硬指标之一，长期 ROE 表现更优秀的成分股更容易入选。因此，标普 500 指数与常见的市值加权的指数之间在估值表现上会存在一定的差异。

标普 500 指数是目前追踪资金量最大的一只指数，上万亿美元的基金投资在标普 500 指数上远超其他美股指数。它甚至带来了成分股买入效应：如果一只股票入选了标普 500 指数，那么之后这只股票会被大量买入，从而导致上涨；如果它被标普 500 指数淘汰，则又会因为短时间的卖出量较大而出现下跌的情况。

纳斯达克 100 指数与标普 500 指数之间主要有以下五点区别。

第一，标普 500 指数的成分股数目远远大于纳斯达克 100 指数。

第二，纳斯达克 100 指数选择成分股没有地域限制，标普 500 指数则只选择美股上市公司的股票。

第三，纳斯达克 100 指数的整体估值比标普 500 指数更高。

第四，纳斯达克 100 指数不收纳金融股，而标普 500 指数金融股则占比 12.7%，如图 2-16 所示。

第五，近十年内，纳斯达克 100 指数的平均年化收益率高达 18.9%，而标普 500 指数的平均年化收益率仅为 12.2%。

总体来看，纳斯达克 100 指数作为全球科技企业的聚集点，其成长性更优于标普 500 指数。而且，纳斯达克 100 指数比标普 500 指数在现金量与运营利润偿还债务利息的能力方面更有优势，更能抵御经济下行的冲击。虽然我们很难量化它们的金融稳定性,但纳斯达克 100 指数在债务总量和偿债能力上都显得更健康。

因此,二者相比,纳斯达克 100 指数的投资价值优势更加突出。

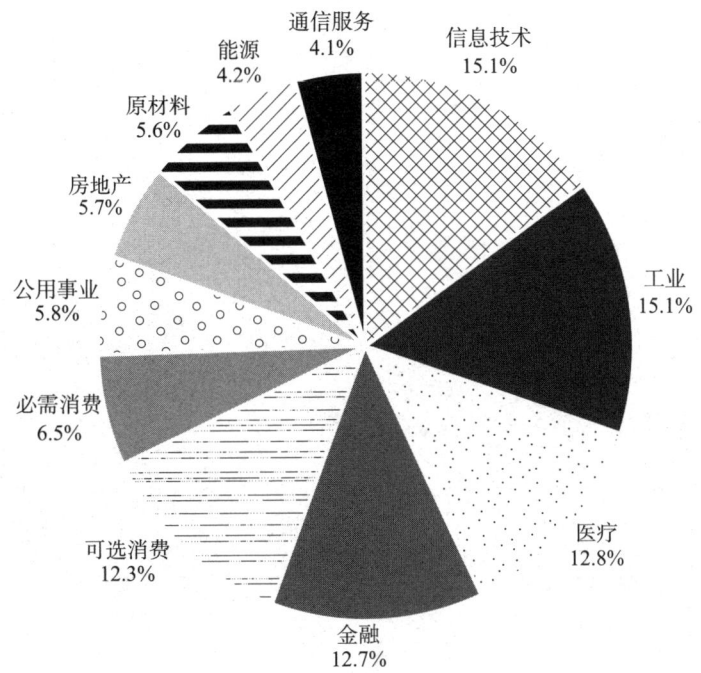

图 2-16 标普 500 指数行业分布[①]

---

① 数据截至 2021 年 3 月 31 日,指数中的个别行业分类百分比存在四舍五入的情况,故总百分比未必等于 100%。

第 3 章

选好基金,做一个聪明的"懒人"

虽然基金在众多投资方式中属于较稳健的一种，但依然存在许多陷阱需要投资者警惕。为了降低交易风险，投资者必须学习一些判断方法。本章将从基金公司与基金产品两个方面，提供一些筛选思路与技巧。

3.1 如何筛选基金公司

投资者在投资过程中可以发现，有很多基金公司都会发行跟踪同一只指数的基金产品。基金产品由基金公司进行管理，基金公司管理水平的高低将直接影响基金产品的业绩表现。因此，选择好基金公司是选择到好基金的基础和前提。筛选一个可信任的基金公司，是投资者在投资理财过程中不可或缺的一环，是投资者必须首先完成的事。从长远看来，基金公司以往的诚信度与基金经理的个人品质的关键程度甚至超过了基金本身的绩效。

很多投资者经常忽视基金公司的重要性，或者不知该如何分析和选择基金公司。那么，投资者应该从何入手呢？

接下来从五个方面教投资者如何判断基金公司的优劣。

看排名：选择排名波动不大的公司

在挑选基金公司时，投资者首先应该了解它们的基本信息，如公司属性、成立日期、注册资本、经营范围、基金数量、管理规模、经理人数等。通过对基金公司概况的了解，投资者可以快速判断一家基金公司的大致实力，从而选择出想要继续深入了解的基金公司。

对于一些没有足够的能力和精力分析所有基金公司的投资者来说，可以选择管理规模较大、基金数量较多、基金种类丰富的基金公司进行深入了解。通常来讲，规模大的公司，其实力也会比较强，团队经验更足，也能请得起更优秀的基金经理，有条件配备出色的团队支持基金经理。

挑选优质的基金公司，最简单也最直观的方法就是分析基金公司的排名。在很多第三方平台上，投资者都可以查询到有关基金公司的排名信息，并且可以根据不同方面的数据进行筛选。大部分平台的主要排名依据都是基金公司自身的管理规模。一般来讲，基金公司的管理规模大小就是产品卖出了多少。公司的管理规模大、排名靠前，证明大部分投资者对它都有一定的认可度，它的客户留存率一般也不会很低。这可以从侧面说明该公司的可信度。所以，它在很大程度上反映了基金公司是否优秀。

需要注意的是，虽然整体管理规模很重要，但并不能完全代表基金公司的真正实力。要看一家基金公司的具体经营能力，投资者需要将重点放在两种资产规模上。

（1）有效管理的资产规模

有效管理的资产规模要以基金公司的管理费率和基准费率为基础，计算出二者的比例，并据此对公司的资产净值和份额规模进行折算。基金产品类型众多，不同类型的收费标准各有不同，也会导致计算结果的差异。因此，通过这个指标，投资者能够更加公平地评判基金公司的整体管理规模。

（2）长期资产的管理规模

这主要针对的是权益型基金，它是剔除了联接基金的重复部分、货币基金与短期理财基金的数据后进行的统计。其对基金公司的投资管理能力要求更高,也体现了投资者对基金公司的长期信心,以及基金公司长期为投资者获取收益的能力。因此,有人把这类资产统称为"长期资产"。

例如,天弘基金依靠近几年在余额宝发行货币基金的优势,一直稳居基金管理规模排行榜的第一名。根据最新的数据,天弘基金的规模已经超过了14 000亿元,其中货币基金的规模达到12 000亿元以上。但去掉货币基金之后,天弘基金中其他基金的规模就不再处于领先地位了。而我们评判投研水平时,主要应该参考的是权益型基金的投资状况。

权益型基金也就是股票型基金和混合型基金,整体收益是所有基金中最高的。债券型基金和货币基金等类型的收益相对较少。可以说,权益型基金是最考验基金公司投研能力的一个基金类别。因此,天弘基金以货币基金撑起的规模,与其真正代表投研实力的规模还是有一定区别的。所以,根据整体管理规模对基金公司进行排名,虽然可以帮助投资者很快地掌握大致的方向,但是未必能客观地反映基金公司的投研水平。

因此,在参考大排名的基础上,投资者还应该查看该公司各类基金管理状况的具体数据,尤其是股票型基金和混合型基金,以及各家基金公司的盈利数据。如果某家公司的基金产品能为投资者赚到更多收益,则可以在一定程度上说明它应对市场风险的能力更强、投研能力更好。截至2020年第三季度末,基金公司产品盈利数据的前20名如表3-1所示。

表3-1 2020年基金公司产品盈利数据的前20名

序号	基金管理人	第三季度盈利（亿元）	上半年盈利（亿元）	前三季度盈利（亿元）
1	易方达基金	361.74	482.57	844.31
2	汇添富基金	266.12	399.31	665.43
3	广发基金	178.86	454.85	633.71
4	富国基金	230.43	325.94	556.37
5	华夏基金	214.87	274.11	488.99

（续表）

序号	基金管理人	第三季度盈利（亿元）	上半年盈利（亿元）	前三季度盈利（亿元）
6	嘉实基金	207.00	258.14	465.14
7	南方基金	150.24	284.67	434.91
8	兴证全球基金	190.06	213.92	403.97
9	交银施罗德基金	160.42	200.31	360.73
10	工银瑞信基金	116.50	210.22	326.72
11	景顺长城基金	170.25	154.24	324.49
12	中欧基金	98.67	218.28	316.95
13	华安基金	132.28	183.69	315.96
14	鹏华基金	114.76	194.91	309.67
15	国泰基金	122.88	165.43	288.31
16	博时基金	100.41	180.61	281.02
17	天弘基金	86.29	185.51	271.81
18	银华基金	84.17	181.15	265.32
19	招商基金	71.09	122.18	193.27
20	上海东方证券	127.53	49.24	176.76

除了各类型基金之间的规模以外，基金公司排名在较长时间跨度上的稳定也非常重要。投资者宜选长期排名波动不大的基金公司，以避免因特殊事件造成的短期排名异常变化。

从综合水准看，各基金公司的天相评级分数也非常值得投资者参考。

天相评级被证监会认可，是我国非常权威的基金评级机构。据其官方平台表述，它在对基金公司进行评级时主要考核以下三个方面。

（1）基金公司的基本实力

对基金公司基本实力的考查，主要包括该公司资产管理的规模和经验、旗下基金的数量、产品线的完善程度等模块。公司最终的综合得分越高，就代表其基本实力越强。

（2）基金公司的投资管理能力

对基金公司投资管理能力的考查，主要针对的是建仓 6 个月以上的积极投资偏股型基金和混合型基金。按照 1∶2 的比例对它们的绝对收益能力和风险调整收益能力的评分进行加权平均，最终的综合得分越高，则代表基金公司的业绩越好，投资管理能力也就越强。

（3）基金公司的稳定性

对基金公司稳定性的考查，主要针对的是首只基金设立满三年以上的基金公司。观察过去三年内该公司股权结构、高级管理人员、投资总监、基金经理的变动情况和该公司的合规情况，最终的综合得分越高，则意味着该公司的稳定性越强。

截至 2020 年 6 月 30 日，天相基金管理公司综合评级结果前 20 名如表 3-2 所示。

表 3-2　天相基金管理公司综合评级结果前 20 名

序号	基金管理公司	三年期综合评级	基本实力得分	投资管理能力得分	稳定性得分	总分	截至时间
1	易方达	AAAAA	135	92	93	105	2020/6/30
2	南方	AAAAA	134	88	105	103.5	2020/6/30
3	鹏华	AAAAA	126	87	107	100.7	2020/6/30
4	富国	AAAAA	129	85	88	98.5	2020/6/30
5	银华	AAAAA	123	90	62	97.1	2020/6/30
6	中欧	AAAAA	108	89	91	94.9	2020/6/30
7	诺安	AAAAA	111	94	49	94.6	2020/6/30
8	华安	AAAAA	127	86	46	94.3	2020/6/30
9	泓德	AAAAA	82	95	94	91	2020/6/30
10	华宝	AAAAA	112	82	71	90.5	2020/6/30
11	兴证全球	AAAAA	103	78	107	88.4	2020/6/30
12	长信	AAAAA	105	82	71	87.8	2020/6/30
13	博时	AAAAA	131	60	106	85.9	2020/6/30

（续表）

序号	基金管理公司	三年期综合评级	基本实力得分	投资管理能力得分	稳定性得分	总分	截至时间
14	万家	AAAAA	107	75	87	85.8	2020/6/30
15	新疆前海联合	AAAAA	57	96	107	85.4	2020/6/30
16	申万菱信	AAAAA	81	84	104	85.1	2020/6/30
17	广发	AAAAA	132	57	107	84.5	2020/6/30
18	前海开源	AAAAA	101	71	107	83.6	2020/6/30
19	融通	AAAAA	117	65	83	82.4	2020/6/30
20	新华	AAAA	79	93	24	81.9	2020/6/30

另外，每家基金公司擅长的类型方向也会有所不同，主要方向大致可以分为偏债主动型、偏股主动型、指数股票型等。投资者在投资前还需要查看各家公司各类基金的收益率，找到各家公司最擅长的基金类型，分情况进行选择。

2020年各基金公司按基金类型规模排名，如表3-3、表3-4、表3-5和表3-6所示。

表3-3　偏债主动型基金与指数股票型基金规模排名

基金公司偏债主动型基金规模排名					基金公司指数股票型基金规模排名				
排名	基金公司	最新规模（亿元）	规模环比变化	排名变化	排名	基金公司	最近规模（亿元）	规模环比变化	排名变化
1	博时	2 391	275	持平	1	华夏	1 608	434	持平
2	中银	2 159	143	持平	2	易方达	722	-12	持平
3	易方达	1 881	550	↑1	3	富国	643	-68	持平
4	招商	1 612	215	↓1	4	国泰	565	166	↑4
5	平安	1 587	392	持平	5	南方	548	-42	↓1
6	南方	1 382	308	↑2	6	华泰柏瑞	468	13	持平
7	工银瑞信	1 265	237	↑2	7	嘉实	453	-51	↓2
8	广发	1 231	152	↓2	8	博时	379	-34	↓1

(续表)

基金公司偏债主动型基金规模排名					基金公司指数股票型基金规模排名				
排名	基金公司	最新规模（亿元）	规模环比变化	排名变化	排名	基金公司	最近规模（亿元）	规模环比变化	排名变化
9	农银汇理	1 124	50	↓2	9	广发	356	32	↑1
10	永赢	1 112	213	↑5	10	汇添富	313	-28	↓1
11	鹏华	1 039	104	↑1	11	华宝	308	96	↑2
12	汇添富	1 032	44	↓2	12	华安	308	-10	↓1
13	富国	1 022	233	↑4	13	招商	257	4	↓1
14	中银证券	980	6	↓3	14	天弘	230	116	↑6
15	嘉实	924	-8	↓2	15	银华	218	77	↑2
16	国寿安保	901	140	↑3	16	鹏华	209	11	↓2
17	建信	896	-26	↓3	17	平安	138	-14	↓1
18	兴业	874	105	持平	18	工银瑞信	127	-62	↓3
19	中加	862	72	↓3	19	申万菱信	117	-11	持平
20	民生加银	832	168	↑1	20	景顺长城	113	-24	↓2

注：偏债主动型基金包括主动债券型（不含指数型）和偏债混合型基金；
股票指数型不包括 QDII 指数、债券指数、另类基金。

表 3-4　QDII 基金与主动量化基金规模排名

基金公司 QDII 基金规模排名					基金公司主动量化基金规模排名				
排名	基金公司	最新规模（亿元）	规模环比变化	排名变化	排名	基金公司	最近规模（亿元）	规模环比变化	排名变化
1	易方达	230	64	持平	1	华泰柏瑞	80	-20	持平
2	华夏	158	26	持平	2	嘉实	43	-8	持平
3	嘉实	91	0	持平	3	华商	42	-5	持平

（续表）

基金公司QDII基金规模排名					基金公司主动量化基金规模排名				
排名	基金公司	最新规模（亿元）	规模环比变化	排名变化	排名	基金公司	最近规模（亿元）	规模环比变化	排名变化
4	南方	76	4	持平	4	光大保德信	42	-1	持平
5	华安	63	34	↑4	5	长信	34	-7	持平
6	上投摩根	57	-8	持平	6	景顺长城	25	-14	持平
7	博时	52	-3	持平	7	摩根士丹利华鑫	20	-5	持平
8	华宝	45	-25	↓3	8	上投摩根	19	-4	持平
9	广发	38	0	↓1	9	长城	18	17	↑64
10	鹏华	37	10	持平	10	泰达宏利	16	5	↑7
11	汇添富	24	9	↑4	11	博道	15	0	↑2
12	富国	23	4	↑1	12	汇添富	13	-2	↓2
13	银华	23	3	↑1	13	汇安	13	-2	↓1
14	国泰	21	-3	↓3	14	信达澳银	11	8	↑19
15	工银瑞信	19	-1	↓3	15	申万菱信	11	-6	↓6
16	交银施罗德	16	3	持平	16	富国	10	-1	持平
17	大成	12	3	↑1	17	泓德	10	-4	↓3
18	国海富兰克林	12	0	↓1	18	东证资管	10	-6	↓7
19	诺安	11	4	持平	19	南方	9	-3	↓4
20	长信	9	9	↑7	20	创金合信	7	-3	↓2

注：QDII基金包含QDII股票型、QDII混合型、QDII债券型、QDII另类。

表 3-5　偏股型基金与偏股主动型基金规模排名

基金公司偏股型基金规模排名					基金公司偏股主动型基金规模排名				
排名	基金公司	最新规模（亿元）	规模环比变化	排名变化	排名	基金公司	最近规模（亿元）	规模环比变化	排名变化
1	华夏	2 950	485	持平	1	易方达	1 644	158	持平
2	易方达	2 603	143	持平	2	广发	1 537	652	↑4
3	广发	2 128	714	↑4	3	汇添富	1 427	142	↓1
4	汇添富	1 993	74	↓1	4	华夏	1 000	18	↑1
5	南方	1 747	16	持平	5	交银施罗德	993	296	↑7
6	嘉实	1 681	-120	↓2	6	兴证全球	984	-100	↓3
7	富国	1 597	138	↓1	7	嘉实	965	-34	↓3
8	兴证全球	1 084	-102	持平	8	中欧	905	87	↓1
9	国泰	1 064	228	↑4	9	富国	896	168	↑2
10	交银施罗德	1 054	304	↑7	10	南方	800	0	↓2
11	华安	1 043	10	↓2	11	景顺长城	738	-2	↓1
12	博时	979	16	↓2	12	华安	699	20	↑1
13	东证资管	977	15	↓2	13	东证资管	696	-82	↓4
14	中欧	924	93	持平	14	博时	565	58	持平
15	景顺长城	892	2	↓3	15	鹏华	557	121	↑3
16	鹏华	796	146	↑3	16	工银瑞信	504	23	持平
17	招商	782	-6	↓2	17	招商	482	-14	↓2
18	华泰柏瑞	757	15	持平	18	国泰	426	7	↑1
19	工银瑞信	722	-34	↓3	19	银华	426	-36	↓2
20	银华	687	81	持平	20	融通	323	56	↑2

注：偏股型基金包括股票型、混合型和股票多空基金，不包括QDII基金。

偏股主动型基金包括主动股票型（不含指数型）和混合型基金（不含偏债型），不包括QDII基金。

表3-6 ETF基金与FOF基金规模排名

基金公司ETF规模排名					基金公司FOF基金规模排名				
排名	基金公司	最新规模（亿元）	规模环比变化	排名变化	排名	基金公司	最近规模（亿元）	规模环比变化	排名变化
1	华夏	1657	458	持平	1	民生加银	84	38	↑1
2	易方达	664	33	持平	2	工银瑞信	57	8	↓1
3	南方	507	-37	持平	3	交银施罗德	43	19	↑1
4	华泰柏瑞	468	13	↑1	4	兴证全球	31	21	↑6
5	国泰	463	148	↑3	5	富国	25	-8	↓2
6	嘉实	419	-52	↓2	6	浦银安盛	22	12	↑5
7	博时	390	-4	↓1	7	华夏	20	0	↓2
8	华安	366	26	↓1	8	华安	20	0	↓2
9	广发	291	6	↑1	9	易方达	19	0	↓2
10	华宝	266	102	↑3	10	南方	19	2	↓2
11	汇添富	255	-44	↓2	11	招商	10	1	↑2
12	平安	201	-13	↓1	12	汇添富	8	0	↑2
13	富国	174	-28	↓1	13	长信	8	0	↑2
14	银华	150	91	↑4	14	中欧	7	1	↑5
15	天弘	104	75	↑5	15	广发	7	-1	↑1
16	鹏华	94	30	↑1	16	嘉实	6	-2	↑1
17	工银瑞信	90	-59	↓3	17	建信	6	-7	↓8
18	海富通	89	-47	↓3	18	平安	5	0	↑4
19	国联安	70	56	↑4	19	中银	5	0	↑4
20	泰康资产	66	-6	↓4	20	前海开源	5	-2	↓2
注：不含货币ETF基金。					注：包含短期理财债券型基金。				

看声誉：选择有良好声誉的公司

在对基金公司的筛选中，诚信度是一项非常重要的指标。基金公司最基本的要求就是必须以受益人的利益为依归，内控良好，不会借职务之便谋取私利。拥有良好品牌形象的基金公司会对投资者怀有极高的责任感，也会更加遵守诺言。这样的公司在内部管理和风险控制上通常都会有比较严格的执行规范。从经济学层面来看，经济的重点在于商品交易，而长期大量交易的进行需要基于双方的互相信任。整个社会中最高的成本，是信任成本。

投资者应该以信用状态良好、无违法违规等不良记录、内部管控系统完善为标准筛选基金公司。在金融行业，尤其是代人理财的基金行业，信誉是企业立足的根本。历史悠久、符合上述所有条件且股东同样履历良好的基金公司，值得投资者更加信赖。

一般来讲，资历较老的基金公司经历过各种市场风格的洗礼，会更有公信度。这类基金公司的经营时间长，实力可见一斑。但是，再老牌的基金公司也会有各自的发展问题，投资者不能只看成立时间，还要综合考虑其他要素。

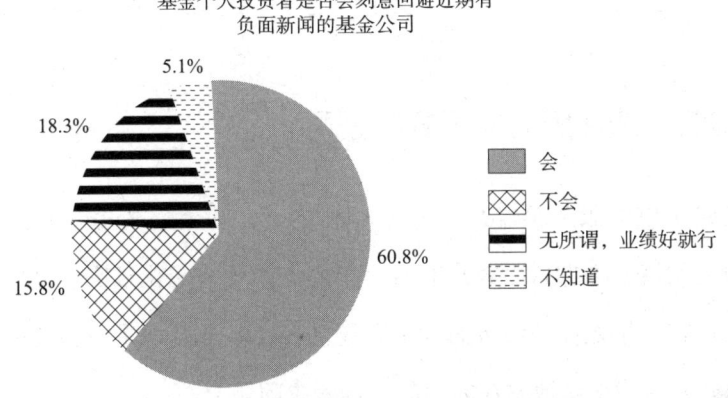

图 3-1　个人投资者选择基金公司时的倾向性

据统计，如图 3-1 所示，接受调查的基金个人投资者中，有 60.8% 在投资时会对近期出现了负面新闻的基金公司有意地回避；15.8% 的投资者不会刻意回避；18.3%的投资者以基金业绩为唯一判断标准，并不在乎负面新闻。

投资者的这种意向趋势，同时也会反作用于基金公司的效益。受到投资者信任的基金公司往往会拥有更充足的资金，并且在支持与鼓励下，效益也会提升得更快。投资者的这种选择偏向也会促进各基金公司改善自身的形象，形成行业内更好的风气。决定基金经理的交易行为的，除了其自身的投资方法和思想框架之外，还有一个重要的因素就是资金的性质，这就是信用在资产管理行业起到的作用。决定资金成本的就是信用。如果一个资产管理人有很高的信用，那么他就可以极大地降低客户的资金成本。

对于公司来说，良好的声誉能让其收获更多的商业伙伴和更优惠的资金成本；对于个人来说，良好的声誉能让其获得更大的隐性杠杆。

声誉的积累特征和价值投资中的两个概念非常相似——滚雪球模式，以及时间的杠杆。短期内能获得保障的是名声，而声誉在短时间内很难发生巨大的变化。在互联网时代，信息高速运转流通，所有人都有机会将自己的名字与观点很快地传播出去。但是，良好的声誉需要自己一砖一瓦长时间地打造。良好声誉的积累会为个体带来长期的价值，而且随着时间范围的拉长，这个价值将日益重大。大到国家、企业，小到个人，好的声誉都是长期立足之本。

看服务：选择服务品质好的公司

享受到优质的服务是客户的基本权利之一，基金公司提供的服务品质优秀，一般表明该公司拥有以客户利益为出发点的优秀文化氛围。良好的服务品质不仅体现在工作人员的服务态度上，还体现在基金公司是否拥有完善的服务系统，以及是否能很好地站在客户的立场解决问题上。

投资者在与一家基金公司产生实际业务接触之前，了解其服务品质最快捷的方法就是观察已有的客户反馈。

服务品质主要体现在客户对服务过程的感知印象。也就是说，它是一种依靠主观意识评判的结果，代表的其实是公司展示的服务或产品的最终表现与客户对服务或产品的期望和要求之间拥有多高的吻合程度。如果公司提供的结果与客户的预期十分接近，甚至超过了预期，那么客户对它的满意度就会较高，对该公司服务品质的评价也会相应提高；反之，如果客户在该公司感受到的服务品质与他的预期之间有差距，就容易产生负面情绪，并降低对该公司服务品质的评价。

这说明服务品质评价主要与两个要素有关：一是客户对公司的预期；二是客户感知的结果，而这个结果来自于客户对服务过程的体验。因此，投资者在考查企业的服务品质时，可以从服务态度、技术水平、责任感强度、硬件水平、管理能力、服务亮点、投诉或差错出现的频率等方面入手。

投资者应当优先遴选能提供完善、高质量服务的基金公司，这是考量基金公司整体实力水平的基本条件之一。基金公司应该具备为客户提供全方位整体服务的条件，其中主要包含客户服务中心、网络交易查询系统、客户专属的会员服务、机构理财专户服务、投资者教育等。

同时，基金公司对利润受益人的人数安排同样非常重要。总受益人数越多，经营风险就越小。假如受益人只集中于几位大客户，则他们的进出就会极大地影响基金操作策略；受益人越多，就越可以分散这类风险。

看团队：选择专业性强、管理良好的公司

基金公司的投研能力水平基本取决于其背后管理团队的实力。选用优秀的基金管理团队非常重要，强大的行研团队和丰富的风控经验必定会为投资者带来丰厚的收益。投资者主要可以从基金经理的情况和团队组织结构两个角度进行考量。

基金经理要根据由券商或公司的研究团队给出的研究报告挑选适合进行投资的对象，并且要定期与具有发展潜力的上市公司沟通，从中挖掘获利的契机，回避潜在的风险。所以，大家常说基金经理是基金管理过程中的灵魂人物。基金经理的整体素质和稳定性是投资者需要考查的重要一环，人事经常变动表明公司管理方面存在问题，这对基金操作和投资理念方向的稳定性会造成消极的影响。

在投资前，投资者可以查看备选的基金经理的历史业绩、演讲内容等。在这些资讯里，投资者可以分析他们的投资理念是否有效，能否做到知行合一，是偏向于积极成长型，还是更注重长期回报、坚持价值投资。如果投资者觉得某基金经理的理念恰好和自己匹配，那么就能更好地建立对其管理的产品的信心。

基金投资管理团队的其他成员也是该公司软实力的一部分。除了要看明星经理以外，投资者还要关注该公司研究团队的人员数量、操作经验、整体稳定性及专业知识储备。优秀的研究人员可以更精准地对市场形势做出判断，提供更科学、更系统、更准确的研究报告，为基金经理的决策打下良好的基础。

基金公司内部团队组织结构调度的合理性非常重要。分工明确、各部门之间能够顺畅运作，以及拥有一定的制衡机制等，都是评判团队组织结构是否合理的标准。在投资管理的过程中，任何一个简单的环节产生差错，都有可能带来极大的风险。

有些公司的组织结构严密，并制定了投资决策委员会等对决策起到辅助监督作用的制度，层级清晰，可以大大减少个人失误的可能性。但其弊端是每一个重要的决策都需要逐级请示，获得批准后才能实施，这就可能导致投资决策在争分夺秒的激烈竞争中失去原有的优势。有些公司的组织结构简单，很容易因个人失误造成整个决策的失败，但也灵活易变，有时在市场中更能占领先机。因此，选择在二者之间能较好地掌握平衡、合理安排团队组织结构的基金公司，对于投资者来说意义重大。

除此之外，股东的实力也是基金公司能够良好发展的主要基础之一。股东的经济背景实力深厚，一般就意味着该基金公司可以获得更好的运营发展平台。我国的基金行业还处于发展阶段，各基金公司都存在很大的进步空间。股东的扶持对于基金公司来说至关重要。同时，凭借股东的各方面实力，基金公司也更能吸引到经验丰富的人才。

相应地，如果基金公司的股权不稳定，那么其投资管理团队人员就很容易出现问题。好的基金公司可以给基金经理的能力发挥创造好的条件，这非常重要，因为这样基金经理才有充足的精力和热情去操盘搏利。

所以，投资者应当优先选择资产规模大、团队组织结构合理、研究能力强的公司。

看产品：选择产品种类多的公司

基金产品是基金公司的主营项目，各方面都体现着基金公司的经营能力。在筛选想要投资的基金公司时，投资者可以重点观察其产品线的广度和产品的整体业绩情况。

观察产品线广度的标准是，公司的产品种类越多，对投资者越有利，投资者要尽量选择产品种类丰富的基金公司。因为即使同一时间，不同市场的涨跌情况也都是不同的。如果一家基金公司拥有比较完整的产品线，产品种类丰富，就可以给投资者提供更多转换到其他低风险产品的机会，投资者可以在其中选择适合自己的组合，也能在市场势头发生变化时及时调整投资策略。如果投资者想要转换基金产品，那么在同一家基金公司内部进行调整，费用会较低，可以节约投资者的交易成本。

一家全面的基金公司应该拥有丰富的基金种类，如股票型基金、混合型基金、债券型基金、指数型基金、货币型基金、理财型基金、QDII型基金等。

投资者购买基金产品的根本目标是获取收益。所以，除了看基金公司旗下基金产品的种类是否整齐以外，投资者也要重点看这些产品及公司运营的整体业绩水准。业绩是一家基金公司的管理水平及该公司基金经理交易水平的集中体现，也是基金公司赖以生存的基石。历史业绩的优秀表现，无疑是高水准的基金公司的"黄金名片"。

投资者既要看基金公司年度业绩的稳定性，也要看它在不同市场风格的转换下的业绩表现，分析其业绩在牛、熊市下有没有体现出明显的差异。

在筛选出一些意向公司后，投资者下一步应当具体了解这些基金公司的产品线情况，分析该公司的强项和弱项。

通过了解基金公司不同类型的基金的规模和收益，可以分析出该公司的优势类型和劣势类型。在选择基金公司的过程中，投资者就能以此来选择优势类型与自己的期望类型相符的公司，以达到收益最大化。

在了解基金公司具体信息的同时，投资者也要仔细分析该公司一贯的投资风格。

在持续深入地了解基金公司的过程中，投资者可以通过基金公司的未来发展规划、基金行业配置、资产配置、债券持仓、公司持仓分析判断公司的投资风格和风险偏好。投资者在挑选基金公司时，应当尽量筛选与自身的投资策略风格和风险偏好相符的基金公司。

在此基础上，投资者再优先考虑投资策略风格不轻易转变、业绩表现相对优异的基金公司。投资者最好对其旗下基金产品的业绩做中长期比较，看看它能否超越一般业绩基准或其他同类型产品的业绩水平。此外，投资者也要观察其投资风格是否始终如一。不断变换投资风格的基金公司往往缺乏稳定性，更具有突发变化的可能，其投资风险会高于不轻易变化的基金公司。

3.2 如何挑选基金产品

基金已成为当下比较普遍且热门的投资方式。有关数据指出，超过84.3%的投资者参与了基金股权的配置，其中23.7%的投资者在进行资产配置时所投基金的资本超过了整体的30%，7.8%的投资者的资产配置比例甚至超过了自身资本的50%。

很多投资者会误以为基金是完全稳健保本、不存在任何投资风险的产品，其实基金也属于风险投资产品，一样需要投资者擦亮眼睛，了解行业的发展趋势，谨慎购买。为了降低交易风险，投资者必须学习一些有效判断基金价值的方法。笔者在这里为投资者做出六个方面的提示，希望能对投资者购买基金有所帮助。

看行业：买基金也是买国运

对于大部分投资者来说，基金是一项中长期投资项目。而基金的发展趋势在很大程度上受到国家政策、经济社会发展环境等因素的影响。

当某个政策或热点刚刚出现时，其相关的主题基金会吸引一大批投资者的关注。然而，当主题基金投资的驱动因素越来越少时，主题的热度就会减弱，这时投资就较危险。所以，主题基金投资是有时效的。行业主题也是一样，变化常常依赖于国家的发展政策与扶植计划。

因此，经常有人说买基金也是买国运。

国家的强大是人们生活幸福最根本的保障，企业的发展更是与其息息相关。一个国家的居民生活越来越好，企业的前景越来越广阔，基金的收益率自然也会稳步上涨。我国整体经济的发展，必然意味着我国各行业龙头企业的同步发展。

国运的体现就是国内企业能赚钱,并且赚得越来越多。企业越来越能赚钱,则体现在每轮熊市的最低点都处于不断抬升的趋势,并且长期来看,牛市的高点也越来越高。2001年牛市时,上证指数的最高点数为2 245,但放到如今来看,这个数字已经是很难再出现的低点。

只要我国经济持续发展,企业利润保持不断增长,各行业走向繁荣,股市就会不停地上升,低点与高点同步走高。只要国运在,牛市就会一路攀升,不断创出历史新高。

那么,投资者应该如何分析某个行业主题基金是否值得投资呢?优秀的投资主题一般至少要满足以下两个条件。

第一,该主题有持续性的强度,也就是说大家对它有一定的认识,认为它有长期发展前途,市场的接受度比较高。

第二,该主题有周期性事件的驱动,这些事件相当于发展过程中的催化剂。

满足这两个条件的行业主题基金,基本可以在保持向上发展的趋势下获得周期性焕发活力的机会。

需要注意的是,行业主题投资在宏观经济周期的不同阶段内,业绩水平分化也较明显。一般来说,在经济滞胀阶段,医药、必需消费、公用事业等行业的表现相对来说会较好一些;在经济复苏阶段,交通运输设备、房地产、银行等行业较突出;在经济过热阶段,工业和原材料等行业则是最佳选择。

投资者通过观察国家的经济政策与发展方向来选择所投资的基金的行业,可以大大地提高基金投资获得的收益,奔向美好的前景。

看类型:偏股型基金是首选

在挑选基金之前,投资者首先要了解基金有哪些种类。

按照投资对象的类别和比重不同，基金一般可以分为股票型基金、指数型基金、混合型基金、债券型基金、货币型基金等。

（1）股票型基金

顾名思义，股票型基金就是主要的投资对象为股票的基金。它在股票上投入的资金占资产净值的比例不小于80%，因此具有高流动性、高变现性的优势。股票型基金比直接投资个股的风险要小很多，但与货币型基金等相比，它的风险仍然很高。对高风险有一定心理预期和承受能力的投资者可以尝试这种类型的基金。

（2）指数型基金

对于指数型基金，前文已经详细介绍过，此处不再赘述。

（3）混合型基金

混合型基金由于会为资产做组合配置，所以也被称为配置型基金，其配置的资产一般涵盖了股票、债券、货币基金等各个方面。这种基金最主要的特点就是以这种配置组合进行投资的方式合理地分散投资风险。在大部分情况下，此类基金的风险比股票型基金低，同时收益又比债券型基金高，是稳中求进的好选择。

（4）债券型基金

债券型基金以债券为主要投资对象，其投资于债券的资金在总资产净值中不少于80%，它的收益更加稳定，风险也更低。因此，此类基金适合对资金的安全性需求较高，同时还期待收获稳健收益的投资者。

（5）货币型基金

货币型基金也称停泊基金，是将资产的80%用于投资央行票据、短期债券、现金等收益的基金。这种基金最突出的优势是具有高安全性和高流动性。因此，它适合害怕风险并希望自身资产保持较高流动性的投资者。

如果投资者有能力承担一定的风险，并且想追求高收益，那么在众多的基金类别中,偏股型基金可以成为首选。

偏股型基金可以被看作混合型基金的一种,其主要偏向于对股票的投资,但其股票投资占资产净值比例的范围有所变化,通常为50%~70%。由于它以股票投资为主,所以收益率较高,一般年收益可达20%左右。虽然其风险和偏债型基金等相比依然较高,但相比标准的股票型基金,它可以通过专家管理和产品组合多元化,在最大限度上分散风险。

看业绩:历史业绩稳定上升

对基金做出客观、正确的业绩评价,也是投资者在投资前不可或缺的准备工作。投资者需要优先选择业绩表现良好的基金,毕竟没人想投资有很大可能亏损的业务。基金业绩评价也需要一定的方法和标准,投资者可以参考以下四个指标判断基金的业绩水平。

(1)总资产净值

总资产净值要依据投资组合中现金及股票、债券等有价证券的总价值进行计算,通常以证券交易所公布的当日收盘价为参考,所以每天都会存在差异。如果一只基金的总资产净值处于增长状态,那么说明它的业绩较好,可以投资;反之,这项投资将是非常有风险的。其计算公式如下。

$$总资产净值 = 总资产 - 总负债$$

另外,总资产必须减去该基金需要支付的利息和股息之和。基金负债主要是指从银行间拆借市场借入的资金、支付给基金公司的管理费及托管机构的托管费等必要费用。

基金总资产净值的增长来自三个方面:投资收益(利息、股息收益和资本增值)、基金吸收额的增加及费用的减少。其中最重要的是投资收益。如果基金经营状况良好、投资收益高,则将会吸引更多的投资者投入基金,使基金的资产净值高于平均水平。

（2）单位净值变化

基金单位净资产值等于基金总资产减去总负债，然后除以基金发行单位总数，其计算公式如下。

$$基金单位净值 = \frac{总资产 - 总负债}{基金发行单位总数}$$

这里的基金总资产是指基金包含的所有资产；总负债是指该基金在经营和筹资过程中形成的负债，包括应付给他人的各项费用和应付资本利息等；基金发行单位总数是指当年发行的基金单位总数。

（3）投资报酬率

投资报酬率是指投资者在持有基金的一段时间内，该基金价值的增长比率。对于投资者来说，投资报酬率越高，说明基金的盈利效果越好，投资者所能获得的收益也就越多。其计算公式如下。

$$投资报酬率 = \frac{期末净资产总值 - 期初净资产总值}{期初净资产总值} \times 100\%$$

对于开放式基金而言，投资所得不需要进行提取，而是继续投入下一轮投资。这时投资报酬率的公式也略有不同，具体如下。

$$投资报酬率 = \frac{期末净资产总值 - 期初净资产总值 + 利息 + 股利}{期初净资产总值} \times 100\%$$

（4）夏普比率

夏普比率的作用是衡量基金绩效情况，它的计算方法很简单，计算公式如下。

夏普比率 = 基金净值增长率平均值 - 无风险利率基金净值增长率的标准差

夏普比率的优点在于对投资的风险与收益进行了综合性考虑。如果计算结果为正值，说明基金增长率高于风险比率，在这种情况下适合进行基金投资。此数值越大，就代表该项投资的风险回报率越高。

看评级：规避入门风险

基金评级是指评级公司通过对基金的相关数据信息进行收集，然后运用科学的分析方法，根据不同的标准对基金进行排序和分级的做法。在大部分情况下，对基金进行分级需要综合考查风险和收益两大方面。也就是说，评级越高的公司，基本上收益就越高，风险也越低。

基金的评级机构有很多，它们在评级策略上都有所不同，如表3-7所示。

表3-7 五家主要基金评级机构

机构	主要评级方式
晨星	首先对基金进行分类，以分析基金的投资组合为基础，把具有不同风险特征的基金区分开，衡量基金的总收益，计算基金的风险调整后的收益指标MRAR。采用星级评价的方式，根据风险调整后的收益指标，对不同类别的基金分别进行评级，共划分为五个星级，每月进行一次
理柏	采用Hurst-Holder指数，将该指数分为三组，大于0.55的可认为其过去和未来的业绩持续性都比较好，小于0.45的可认为其业绩持续性较差。每一组都按照计算结果得出有效回报率并进行排序。除此之外，理柏还会计算基金的保本能力，把费用和税收单列考虑。最后，将这几个指标分开排序加权计算，得到基金的排名，每个星级的数量各占20%
银河证券	评级主要采用两种方式——客观性评价和主观评价。在考查业绩时，不仅参考区间收益，还要参考季度平均和月度平均收益，并为它们计算出一个标准分。对标准差也要进行同样的标准化处理，得到风险评分。收益评分减去风险评分，得到风险调整收益得分，将其从高到低排列，五个等级的数量各占20%
海通证券	海通评级方法只计算四个变量——简单收益、风险调整收益、持股调整收益、契约因素，四者权重分别为35%、30%、20%、15%
济安金信	此评级较重视基金产品是否合规与守约的刚性规定，剔除违反法律法规、明显不符合基金合同约定的产品。其评级原则为类推原则、相关性原则，但最终评价标准是能否为投资者提供长期稳定的投资回报

表3-7的内容来源于各评级机构的官方网站公示。虽然这些规则看上去较

复杂，但实际上评级方式大致相同，都是先对基金进行分类，再根据具体设计内容进行打分。一般分为五个星级，星级越高，代表可靠度越高。投资者在挑选时，需要寻找权威的评级机构进行审评。

基金评级具有重要的意义。对于投资者来说，基金评级是对基金的基本评判标准，会将其视作一个重要的参考指标；对于基金本身的管理来说，基金评级可以对基金公司及基金经理起到约束作用，对于评级好的基金则可以起到激励的效果；对于基金经理来说，基金评级一定程度上反映了基金在市场中的状态，基金经理可以根据评级进行相应的策略调整；对于基金的监管部门来说，基金评级能促进基金投资市场更加积极地发展；对于基金行业来说，基金评级是整个基金行业健康发展的必需品。

基金评级也存在弊端，即它反映的更多是基金的历史业绩。对于股票型基金来说，在过去一段时间内业绩过好的基金，其对应的领域往往也处在红利期。但任何一个领域都很难长期处于高速增长期，当红利期过去，行业很可能会走下坡路，该行业对应的股票基金净值也有可能下滑，这一点需要重视。

因此，投资者不能仅仅根据基金评级挑选基金。投资者投资基金是为了获得盈利，而盈利多少并不单纯只是由基金的好坏决定的。有时候好的基金做不好也会亏本，坏的基金运用合理的方式方法也能顺利盈利。

基金机构的人员流动也会影响基金的盈亏。基金经理的水平高低不一，操控手法也不尽相同，此时就需要投资者擦亮眼睛，在利用基金评级规避风险的同时，找准基金机构和基金经理人，让一切处于最佳状态再进行投资。

看规模：中规模是最稳健的选择

基金投资在某种程度上和航船有着相似的特性。在波涛汹涌的大海上，体积小的船难以抵抗海浪的冲击，很容易遭受灭顶之灾；体积庞大的轮船却能承受波动，安然无恙。而在小河流中，大轮船失去了活动空间，寸步难移，小船反而处在了优势地位。综合来看，大船和小船都有其各自的优势，船小好调头，轻便、灵活、易于转向；大船则能抵挡大风大浪，给人一种稳固、安全、踏实的感觉。在不同的环境背景下，两者展现出来的能力也会各有不同。

在基金筛选的过程中，无论基金的规模是大还是小，同样都有着各自的优势。

通常来看，基金的规模越大，越具有内部结构多样化的可能性，从而分散风险。而且在进行交易时，其金额往往较大，因此根据政策要求在交易费用上往往可以得到一些优惠，从而降低交易的平均成本。同时，这样也意味着它有条件分配较多的经营管理费用，为投资者提供更优质的经营管理服务。

与规模大的基金不同，规模小的基金侧重于运作灵便、弹性大的特色，它便于快速完成投资品种的转向，建仓和出货相对来说都更简便。另外，《证券投资基金运作管理办法》规定，基金所持同一公司的股份不得超过10%。规模小的基金便有机会购入具有较大升值潜力的小型公司的股份，并重仓持有，获得较大的收益。

但是，投资者需要注意，选择小基金会有全军覆没的风险。投资者在选定基金前，务必要仔细查看其基金档案。因为每家公司的资产规模都有可能相差很大，资产规模小的基金公司，其基金风险承担能力也会较弱，投资者必须提防它可能很容易被清盘的风险。

投资规模大的基金在无特殊情况时，风险会略小，但收益相应地也会偏低；投资规模小的基金，风险会更大，但获得较高收益的可能性也相应地提升了。所以，如果投资者自身属于积极进取型，比较注重收益率，同时又有一定的风险承担能力，则可以选择规模小的基金进行投资；反之，如果投资者自身属于偏保守型，对稳健的表现具有偏好，便可以投资规模大的基金，以取得风险较小的平稳收益。如果没有十分明显的偏好，中规模的基金是最稳健的选择,虽不如大规模基金与小规模基金那样优点突出,但中规中矩,不会出现较大的差错。

看波动:高波动才有高回报

选择主动型基金进行投资的投资者需要关注其获取超额收益的能力,即相对于市场指数而言,它可以获得的超额收益的多少及持续性的问题。超额收益其实也可以理解为风险溢价。

分析各细分类别下主动型基金长期超额收益的获取情况,会发现从整体来看,主动股票+强股混合的长期超额收益表现相对较优。

基金的超额收益和业绩表现一样,会受到短期市场的趋势、风格及基金经理变动等一系列因素的影响,存在较大的波动性与不确定性。

我国的主动型基金短期存在波动,且伴随着行业的发展,产品数量不断增多,投资者选择的难度大大提升。许多机构资金开始关注一些风格鲜明、超额收益稳定的基金,也更青睐工具属性高的产品。投资者在实际选择中可以此作为参考。

投资者选择混合型基金时,还应关注基金的抗风险能力,这主要通过该基金的亏损频率和平均亏损幅度来比较。一般来说,基金的抗风险能力取决于基金所含股票是否分散(即能否降低对某个行业的突然亏损的高风险)和基金经理对股市行情的判断(即是否换掉组合内可能发生变化的股票)。

不同的亏损频率和亏损幅度在一定程度上反映了基金经理的操作风格,只有将亏损频率和亏损幅度进行较好平衡的基金才能具有较强的抗风险能力,也能帮助投资者获得长期持续的投资回报。

投资者也可以通过基金的最大回撤数据判断其风险程度。

最大回撤是衡量基金风险状况的重要指标,可以理解为基金可能发生的最大亏损幅度。它反映的是在所选定周期内的任一时点，在相对往后的产品净值最低点时，收益率回撤幅度的最大值。因此，该数值一般用于表现购入某产品后有可能出现的最坏的情况。

通过这个指标，投资者可以大致判断该基金的风险是否超过了自己的心理预期承受能力，从而对基金进行筛选。

"高波动才有高回报"这个规律对于基金定投来说更重要。定投的原理是在下跌过程中尽可能地积累筹码，摊薄成本，所以在其他条件一样的情况下，波动性越大越好。

不过，波动性并不是最重要的一点，获得更多超额收益的首要重点是投资者要了解定投标的的大致周期性。如果基金的周期很短，即使波动较大，投资者能获取的收益也不会太高，甚至还可能经常陷入亏损的情况。基金的周期比较长，投资者才能更好地把握自身所处的位置，短时的波动对手中资产的影响也会变得更小。

综上所述，周期长、波动大、流动性好是定投标的选择的三大要点。整体来看，投资应该先判断其优质性，再考虑高低波动情况的影响。

第 4 章

设计定投计划

古语云："一日之计在于晨，一年之计在于春，一生之计在于勤。"对于任何事情，制定合适的计划都可以达到事半功倍的效果，基金定投也是如此。虽然基金定投有"懒人投资"的别称，但其便捷之处仅仅在于可以定期自动投资、无须频繁转换投资标的，投资开始前仍然有许多问题需要投资者考虑。一分耕耘，一分收获，无论何种投资都要有付出才能有回报。明确投资的目标和方向、预估定投所需的时间、挑选合适的指数基金标的、决定购买基金的渠道等问题，都需要投资者一一耐心处理。

投资者根据自身情况仔细制定一套清晰、完整的定投计划是非常重要的。此举能对投资者起到监督与提醒的效果，为其坚定持续下去的信心，同时也能发挥回顾与总结的作用，为未来顺利定投打下基础。

总之，一份优秀的定投计划能够帮助投资者统筹规划整个定投过程，在投资旅途中顺风顺水、畅通无阻。

4.1 梳理现金流

现金是资产最主要、最常见的载体，因其绝佳的流动性优势给了投资者其他资产载体无可比拟的安全感和踏实感。然而，许多人都还没有意识到合理安排现金的重要性，导致自己在资产配置中留给现金的比例往往过少或过多，从而引发了本可规避的个人经济危机，或平白错失了使资产增值的好机会。

现金流管理是着眼于当前或未来一定时期内，根据个人或集体的理财目标，对现金流在数量、时间等方面所做的预测与规划、执行与控制，以及分析与评价，旨在为实现个人或集体的财务目标提供支持。

现金流是个人与企业的生命线。每个人都需要梳理好自己的现金流。如果现金流中断，所产生的危害将是巨大的。

个人不需要像企业一样建立繁复的流动性管理模式，但是利用其背后的管理理念做好自己的现金流管理，能为投资者快速实现资产增值、提高生活质量提供很大的助力。所以，投资者最先要确立的并非精明的投资理念，而是个人资产的合理配置理念。

大账马上记，小账汇总记

在投资前，明确自己的资产状况、梳理个人现金流是非常重要的步骤。为了更好地对自己的资产进行管理，每个人都需要弄清楚自己每个月的现金流入与流出状况。

普通人的现金流入项一般包括工资收入、兼职收入、利息收入、租金收入、固定资产出售所得，以及卖掉股票等权益性资产得到的资金等。

那么，每个月流出的现金又有哪些呢？衣食住行等日常生活中的必需开支，归还银行的贷款，出借的资金，以及买房、买股票、买理财产品需要的本金等，都属于个人现金流出。

接下来，投资者需要做的就是确保每个月的现金流入和流出保持平衡，最好流入的现金金额能够大于流出的现金金额。一旦个人现金流出现负数，投资者只能以积蓄来暂时弥补缺口，从而可能引发系列问题，出现个人债务危机。

个人要想通过梳理现金流管理好个人财产，就需要完全遵循"简单、方便、务实"的原则，养成记账的习惯，并且编制一张个人现金流量表。

每个人的现金流量表都会有所不同，但大体的思路是相似的。投资者可以将个人整体的现金流细分成三部分，即生活活动产生的现金流、投资活动的现金流、筹资活动的现金流。将三者作为一个有机整体，有助于从全局上把握个人的现金流向。

生活活动产生的现金流是指与个人生活活动有关的现金流入与流出事项，一般包括工资收入、生活开支等。当该现金流为正值时，说明生活比较有保障；反之则说明生活收支平衡存在问题，需要尽快调整。

投资活动产生的现金流是指与个人投资活动有关的现金流入与流出事项，一般包含买卖房产、黄金、股票等。当该现金流为正值时，说明投资获得了回报；反之则说明投资出现了亏损。

筹资活动的现金流是指与个人借钱筹资行为有关的现金流入与流出事项，如借还朋友资金、借还金融机构资金等。

弄清楚三类现金流后，投资者就会拥有一个全新的分析视角，可以将生活活动、投资活动及筹资活动三个方面的现金流作为一个有机整体，从全局上把握个人的现金流向了。

对现金流状况的归纳整理并不是一次性的行为，初次的整理可以让投资者了解个人资金的宏观状态，此后个人依然要养成记账并定期整理账目的习惯。投资者通过记账的方式确定自己的收入和消费情况，定期对数据做复盘和总结，对自己的财务状况做到心中有数，这样才能对症下药地制定计划解决相应的财务问题，更好地做到开源节流。

投资者可以运用手机记账软件或绘制成的收支统计表格管理自己的账单。为了在减少遗漏或错误的前提下提高效率，投资者可以采用大账马上记、小账汇总记的方法，以达到简洁、清晰且便利的效果。

在这个竞争激烈的社会，一个人能保持财务上的平衡是非常重要的。一个人的财务状况如何，不仅关系到他的生活质量，更关系到他未来的生存和发展。现金流的管理是每个人理财的基础所在。所以，个人一定要做好现金流的统筹规划，拒绝奢靡浪费，时刻谨记量力而行，从而实现个人财富的保值、增值。

购物凭证集中保存

在日常生活中，人们的开支总是极其琐碎的，一段时间过后便很难能清楚地回忆起每一项消费的条目和金额。因此，很多人都经常会有一种感觉：明明自己没有买什么很贵的东西，也没有觉得自己的日常花销金额很大，完全想不起来具体消费的去处，但钱就是忽然不够用了。在整理账单时，很多人经常会陷入迷茫，不知道自己怎么花掉了这么多钱。此时，购物凭证就派上了大用场。

如果我们平时养成存留购物凭证的习惯，那么我们在核对账单时就可以清楚地看到自己将钱都花在了哪里，也能够从更加系统、客观的角度直面自己的消费行为习惯。对购物凭证进行分类集中保存，我们可以看出自己日常的消费结构与偏好，便于对未来的消费行为做出调整。

另外，从消费维权的角度看，存留购物凭证也可以提供很大的便利。从法律上讲，购物凭证是在交易达成后买卖双方共同认可建立的一份简易的合同，是由经营者向消费者出具的证明某一特定购买或接受服务的行为存在的证据。购物凭证证明了该行为的真实性。在日后发生相关纠纷时，购物凭证将是消费者为了维护自身的合法权益而向有关部门举报、投诉的基础和必要条件。

养成集中保存购物凭证的习惯，不仅可以培养个人的条理性，还有助于个人理财，更能帮助我们提高消费中的自我保护能力，可谓一举三得。

收入大小都要记

在日常收支整理中，大家通常更关注支出，而忽视了收入的重要性。事实上，算清自己具体的收入情况，了解目前收支的匹配度，观察自身收入的长期稳定性，并思考对收入变化的预期，这些都是非常重要的。

在现金流整理中，有一个概念叫"账期"。账期可以分为两种，即收入型账期与消费型账期。

对于大部分上班族来讲，收入型账期就是发工资的周期。假如公司每月15日发工资，那么对个人来说，本月15日至下月14日就是自己的一个收入型账期。如果你的主要收入来源就是工资，那么对你而言最重要的就是次月14日时手里还剩下多少钱。

相应地，消费型账期也比较容易理解。例如，每月花呗、信用卡的出单日，房贷、车贷、白条的还款日，这些项目构成了个人的消费型账期。

现金项减去负债项得到的数字就是个人的自由现金流，或者也可以称为个人净收入。

与支出一样，我们在记账时也不能忽视收入。无论收入的金额是大还是小，我们都应该详细地计入自己的账目当中。

明确了个人账期的情况后，我们需要对未来的收入发展做简单的规划。要想完成更高的理财目标，我们必然不能仅仅满足于当前的收入水平。我们需要为将来规划一个逐步提高的前景，其中应包含职业道路的发展，也应包含各项资源、产品投资的效益增值预期。对此，我们可以咨询一些理财专家，收集专业性的针对个人情况的建议。

如果个人的收入项过于单一，只有工资，那么万一出现意外，抗风险能力就会很低，也不能使个人资产增值。因此，开始投资是刻不容缓的事情。

4.2 构建计划框架

虽然投资者已经明确了自己具有资产保值与增值的需求,也有了基金定投的模糊方向,但在实际运作过程中还是会出现一些问题。为了减少问题出现的概率,投资者在实际定投之前应该先搭建好较完整的计划框架,随后再逐渐添砖加瓦。

选定适合的指数基金

基金覆盖的产品种类十分丰富,包括股票型基金、债券型基金、货币型基金、混合型基金、指数型基金等,投资者总能在其中找到一款适合自己的产品。对于刚入门基金定投的小白来说,分批买入指数基金不但可以降低投资风险,还可以享受投资带来的收益。

相比大部分基金,指数基金的优势不言自明,透明度高、仓位重、具有永续性、受到基金经理的人为干预少,投资者可以放心地长期持有。在众多特点各异的指数中,选择长期以来持续上涨、波动较大的,这类指数最适合定投。

那么,投资者具体应当怎样挑选合适的指数基金呢?可以参考以下两个标准。

(1)选择低估值的宽基基金

前文介绍过,一般来说,指数基金可以分宽基与窄基两类。宽基基金成分股涉及股票数量多、行业范围广,常见的跟踪沪深300指数、中证500指数、标准普尔500指数的基金基本都是宽基基金;窄基的范围限制较小,通常倾向于某种行业或主题,如必需消费行业指数基金等。

在罗伯特·清崎发明的现金流游戏中,如图4-1所示,很多玩家都会抽到一种基金卡片，卡片上会明确标注基金代码、今日价格、价格估值范围、投资收益率等信息。玩家看到这张卡片时，就可以清楚地判断基金价格是高估还是低估，并据此决定如何进行下一步交易行为。

图 4-1　现金流游戏

如何才能做到让现实生活中的投资机会像游戏一样清晰明了呢？其实，我们可以将高仓位的指数基金看成一只股票，以此评判股票的标准评估指数基金。常见的估值指标主要有市盈率（盈利收益率）、市净率、股息率等。

投资大师本杰明·格雷厄姆认为，买点即为股票盈利收益率大于等于高级别债券利率2倍，卖点即为股票盈利收益率小于等于债券利率。

那么，什么是盈利收益率呢？

盈利收益率其实就是市盈率的倒数。市盈率也称"本益比""股价收益比率"或"市价盈利比率"，是指股票价格除以每股收益得到的比率，简单来说，就是指按现在的盈利水平多少年可以回本。盈利收益率=E（盈利）/P（市值），我们可以将其理解为投资1年的回报率。

如果盈利收益率远超过债券的收益，投资者就可以大笔买入；如果盈利收益率低于债券，则不如选择持有债券，这样安全性更高。

当然，对于某些周期性行业，如证券行业，参考市盈率的估值方法就不太适用，否则容易掉入市盈率陷阱。当大行情到来时，证券行业的市盈率不增反降，但风险已经很高。如果投资者按照观察市盈率的方法买入，很有可能只能当"接盘侠"。对于这种周期性的行业，投资者可以利用市净率进行估值，毕竟每个行业或公司的净资产一般都不会出现大起大落。

（2）选择误差比较小的基金

对于指数基金来说，更多的是跟踪指数的走势，赚取的是市场的平均收益，其最大的业绩就是完全复制指数的走势。指数基金跟踪的是与其对应的指数，所以它持有的股票也应当是对应指数的成分股。因此，投资者需要仔细观察基金的过往走势与对应指数的拟合度，据此评价其优劣，尽量选择跟踪误差小的基金。拟合度越高的基金，其收益率就会越高。

对于指数基金而言，跟踪误差越小，就意味着投资的效果越好。可是，跟踪同一指数的基金那么多，投资者应该如何了解它们的跟踪误差呢？

主要方式有两种：一种是通过基金公司定期公布的报告，其中会有关于跟踪误差的数据，以及这个误差是否符合提前设置的目标的信息；另一种是通过天天基金网等第三方基金交易平台查询信息。

明确购买渠道

在互联网时代，指数基金定投的购买渠道还是较丰富多样的，每种购买渠道都有自己的优势。接下来为大家介绍几种常见的购买渠道。

（1）通过银行等传统代销渠道定投

各大银行的柜台及官方 App 是投资者最常见的，也是最值得信赖的一种购买渠道。目前，每家银行的基金销售业务都已经发展得较成熟。但是，相对于其他渠道来说，该渠道的手续费比较高，一般情况下基本不打折或仅仅打5折。年纪较大或使用互联网不太熟练的人会较多地采用这种方式。

通过银行的官方渠道进行基金定投主要有两种方式。

一是投资者携带本人的身份证及可用银行卡直接到网点的理财专柜进行办理，开通自己的基金账户，签订与定投相关的协议，购买银行代销的产品。

二是投资者通过网上银行进行办理，可以直接在此开设基金账户。不过，这有一个额外的要求：如果该投资者从未在银行的官方渠道理过财，那么开通账户后，大部分银行都需要本人前往网点进行风险测试。待开户手续办理完成后，查询、修改定投对象品种等投资操作均可通过网上银行进行。在此，笔者建议投资者同时开通短信通知服务，以便及时了解个人投资账户的变动。

投资者可尽量选择自己已有的账户或代销基金产品种类丰富的银行进行投资。相关数据显示，五大行的基金产品种类最丰富。其中，中国工商银行的数量最多，有4 963只基金产品；交通银行次之，基金产品数量为4 793只。一些地方商行的代销产品则往往较少，可供选择的范围十分有限。

值得注意是，每家银行针对基金定投的规定也都有所不同，投资者在进行定投之前一定要问清楚具体的细节。例如，有些银行可自定扣款周期，有些银行则必须在指定的时间扣款。

（2）第三方基金代销平台定投

不同的第三方基金代销平台，其定投页面的操作细节都各有不同，但整体的操作流程是相似的。一般来讲，第一步都是需要投资者先打开官方页面注册开户，并绑定一张银行卡。登录账户后寻找基金定投页面，即可选择心仪的基金进行操作，全程花费的时间不会太长。在这些平台定投的门槛一般都比较低，大多100元起，扣款周期通常有每月、每周、双周等可供选择。至于具体的扣款日期，投资者一般可以自己选择。如果投资者想终止定投，通常也可以在页面上直接进行操作。

到目前为止,代销基金产品数量最多的平台是上海天天基金销售有限公司,有4 000只左右。另外,同花顺基金、上海好买基金等平台也旗鼓相当。这些新型代销平台的购买方式丰富、基金品种全面,同时也提供各种基金查询服务,拥有基金对比及基金挑选等分析工具,且费率较低,是很不错的选择。

(3)各基金公司的官网及App定投

这种基金定投渠道的突出优势是费率较低,有些甚至可以免费申购。

但它的缺点同样也十分明显,即投资者的可选范围受限,在一家基金公司下只能开设一个账户,在官网上只能购买该基金公司旗下的产品。如果投资者想定投不同公司旗下的基金,就需要去对应的官网分别开户,单独投资,这就大大增加了投资者操作的烦琐程度。

(4)场内购买

场内购买是指投资者通过自己的股票账户在二级市场进行购买。封闭式基金及ETF基金必须通过这种途径购买,其优点是手续费比较低。

总体来讲,综合考虑多种因素,在多种基金定投渠道中,第三方基金代销平台的操作最便捷。在费率优惠方面,银行渠道办理业务的折扣力度最小,第三方基金代销平台和基金公司直销的优惠较多,在平台活动期间,申购费甚至能够降至1折。

确定定投频率和时间

很多新手在决定基金定投之后都会陷入迷茫:我应该设置什么时间定投?定投频率选择哪种比较好?一共需要定投多久?周期是多长?

这些问题其实并没有那么复杂。

投资者首先需要知道,基金定投的购入频率一般分为日定投、周定投、双周定投和月定投等。当总金额固定时，随着频率的降低，时间相应也会拉长。

定投的主要作用是能够平摊、拉低投资者的持仓成本，平滑投资者的长期收益。如果投资者长期持有固定的基金就可以发现，定投持续的时间越长，最终总收益之间的差异就越小。所以，定投频率对盈利概率、平均收益的影响其实不大，不同频率的定投盈利概率都在80%左右，平均收益都在4%左右。

由于不同的定投频率从长期来看基本没有什么差异，而人们的收入一般都是以月为单位获取，为了方便进行资金安排，月定投是比较普遍的选择。这样既能减少"月光"的情况，还能养成定期储蓄的习惯。

至于定投时间设置在什么时候比较合适，整体来讲，拉长时间段之后，差别也并不大。因为基金的发展过程总是涨涨跌跌，投资者只要坚持定投，就会使波动的影响降到最低。

秉承优中选优的原则，以过往数据为参考，经过统计归纳发现，市场下跌的情况多出现在周四和周五，这也就是人们常说的"黑色星期四"和"黑色星期五"；从整个月份来看，则暴跌点大多在月末，在每月25日后的占比高达49%。同时，因为大部分年份的2月只有28天，所以投资者可以将月定投的时间设置在每月25日至28日，这样便于操作。

"种一棵树最好的时间是十年前，其次是现在。"只要自己能够长期坚持下去，时间的差距便可以忽略，任何时候起步都没有问题。

列出必须遵守的策略

在投资者进行投资时，总会伴随着无止境的恐惧心理：我是否能赚到钱？我投资之后是否能保证本金的安全？到手的利益，我是否能把握得住？根据行为金融学的研究，人们在面对自身投资的亏损时感受到的痛苦的程度是盈利时获得的快乐的2.5倍。因此，投资者在恐惧的情绪下更容易被影响，做出不理智的决策。

在这种情况下,投资者遵循理性,提前设置好未来投资过程中自己必须遵守的原则,就可以规避许多投资风险。

(1)投资理财必须严格执行纪律

为什么很多人都有理财的头脑,但最后却收效甚微?就是因为欠缺了纪律性和执行力。在定投的数年间,投资者必须坚持下去,不能提前取出或随意更改。计划的执行看起来似乎不是太难的事情,但需要坚持不懈的强大自律性。

不管一份理财方案多么完美,只要投资者不严格执行,就都是纸上谈兵、空中楼阁。

心理学中有一个概念叫"延迟满足效应",也被称为"糖果效应"。

著名心理学家萨勒召集一群4岁左右的孩子,给了他们每个人一块糖,并说:"我将离开20分钟,如果谁能坚持20分钟不吃这块糖,等我回来,我就会再奖励你2块糖。如果你无法忍受长时间的等待,现在就可以吃掉它,但你最终就只能得到这1块糖了。"这对刚刚4岁的孩子们来说是非常艰难的抉择:大家都希望多得到2块糖,但又不愿意为此煎熬20分钟;而如果马上吃到嘴里,就会少得到2块糖。

最终的实验结果显示,有2/3的孩子成功坚持了20分钟,得到了他们的奖励。当然,对于不少孩子来说,他们很难控制自己的欲望。当时,有的孩子闭上了眼睛,强迫自己不再看这块糖,以防自己抵抗不住诱惑;有的孩子开始唱歌跳舞,分散自己的注意力;还有的孩子为了熬过20分钟,甚至干脆直接躺下睡觉;有1/3的孩子选择了立刻吃一块糖,实验者一走,他们就迫不及待地把那块已有的糖塞到了嘴里。

12年后再次调查这些孩子发现,凡是当初成功坚持了20分钟的孩子,长大后都拥有较强的自制力。他们善于自我肯定,面对各种问题都拥有较强的处理能力,坚强且乐于接受挑战。而立刻吃掉糖的孩子,则性格多表现为经常犹豫、不安定且多疑善妒，十分任性，难以经受挫折，自尊心较脆弱。随后几十年的持续跟踪调查结果也证明了那些有耐心等待的孩子，无论是社会成就还是品行道德，都比同伴们高得多，也更容易获得成功，基本都成了事业有成的栋梁之材。

道理看上去似乎很简单，如果试验参与者能再多坚持一会儿，得到的满足就会远远大于近在眼前能够享受到的东西。然而问题在于，身处这个情景中，我们是否还能够控制得住自己，严格执行投资纪律？

坚持下去就有更好的结果，可摆在眼前的似乎也还不错。于是，看着眼前的利益，有些人便越来越难以忍受其诱惑。终于，有人放弃了等待更大、更长久的利益，而决定享受眼前已有的收获。

知名投资人利弗莫尔给自己定下了一个10%的规则：如果一笔投资中的损失超过了10%，不问原因，他就会马上抛出。利弗莫尔的每一笔投资都会分成几次进行，并且每一次都是在保证财务安全的前提下才进行操作的，由此可见坚持对于投资者获得成功的重要性。

（2）永远不要孤注一掷

知名投资人索罗斯的成功取决于他克制的投资策略：从不会孤注一掷，押上全部身家。

每当准备大量投资前，索罗斯都会先投入小规模的资金到市场中去，然后密切关注市场的反应情况，再决定接下来是否应该加大投入。就是这种理智地冒险型投资策略，使索罗斯面对强敌英格兰银行也能取得交易之战的胜利。在确定了市场趋势后，索罗斯会构建对冲组合，以规避来自不同方向的风险。

投资理财时，一本万利的想法是不切实际的。即使机会就在眼前，投资者也要做好规避风险的准备，避免将积蓄毁于一旦。

不少人在发现身边有人投资赚到钱后，自己也跃跃欲试。相关数据显示，自2008年起，真正从股市获利的投资者只占全体股民的16%。所以，没有投资经验的投资者还要避免孤注一掷的心态。

在日常生活中，我们常会听到某人说"我看中的某只股票10天就涨了很多，当初如果全仓买入，一定能挣得更多"这样的话。但是，孤注一掷、全仓投入就能赚得更多吗？实际上这样做以后，亏损的可能性往往会更大。

理财的目标是长稳地赢得收益，而最不平稳的事就是孤注一掷。孤注一掷就是一场赌徒的冒险，一时胜利后，除非离场，否则从市场中来的钱还会回到市场中去。而且，离场并没有想象中的那么容易，没有多少人能说到做到、见好就收。一旦失败，往往连回转的余地都没有。

在无知的情况下投入全部资金是盲目又冒险的，在有计划、有风险控制的情况下投入全部资金则是果断的表现，两者的区别在于投资者是否对投资和风险有足够的把握。

投资者常犯的一种错误，就是将所有资金投注在一种理财产品上。一般来说，理财种类越分散，投资者可能面对的风险就越小，如图4-2所示。

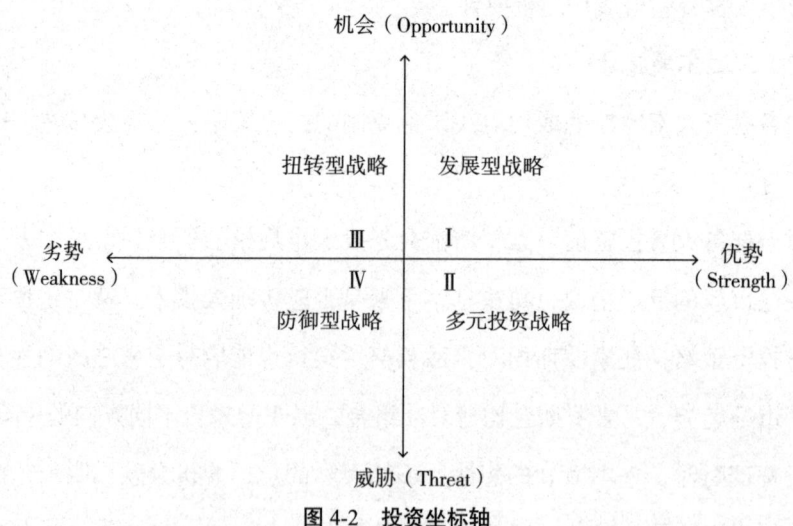

图4-2　投资坐标轴

索罗斯说，不要把投资当作消遣和娱乐。因为有效的投资充满理性，是在反复权衡后做出的决定。投资者不要把自己当成赌徒，最好的方式就是在情况对自己有利时下注，而不是孤注一掷。

4.3 不同定投计划的设计

在保证生活质量的同时，投资者要想让自己的钱不断增值，还要确保在突发事件时有足够的能力应对，就需要设计科学的理财方式。要达到以上目的，最有效的方法就是提前为自己的资金分好类，以便于规划管理，并且针对不同性质、不同用途的资金采用不同的管理方式。即使同样是定投计划，采用不同的资金、针对不同的目的，投资者做出的定投计划也都应该是不同的。

养老储备定投计划

2018年7月发布的《养老金第三支柱元年白皮书》中的数据显示，截至2017年底，我国60岁及以上的老年人口数量达2.41亿，占人口总量的17.3%。预计在2050年左右，我国老年人口数量将达到4.87亿，占人口总量的34.9%。我国人口老龄化的形势越来越严峻，老年人口的比重高峰逐渐逼近，经济方面也面临巨大的养老金支出压力。

同时，随着年龄的增长，我们也越来越无法回避养老问题，个人养老金的投资与储蓄已迫在眉睫，每个人都应该提前做好准备。

当前市场上理财产品的种类丰富、数量众多，定投基金产品脱颖而出，成为大多数投资者准备储蓄个人养老金时的首选。主要有以下三点原因。

第一，养老金的储备需要资金的长期积累。个人养老金是通过将每一期的盈余囤积起来，完成一定的经济积累，以便在自己退休后能维持当前的生活质量。这种需要依靠时间积累的长期性投资，契合定投的操作方式。

第二，我国金融资产的整体波动较大，因此大部分收益都是在少部分时间中获得的。短期参与很难获得优异的回报。

第三，长期定投能有效降低投资亏损的概率，符合养老投资对本金保障的要求。

在所有定投计划中，养老储备定投计划是时间最长的，可以长达30年。它也是对稳定程度要求最高的，在漫长的定投时间中，我们必须保证将来退休以后离开了工资收入，自己还能维持正常的生活。

我们需要思考一个问题：退休后，我们到底需要多少养老金？

要想得出答案，就要综合考虑退休后的总资金需求、退休收入、基本养老金等多方面要素。

（1）确定退休的目标年龄

如果你打算55岁退休、从30岁开始定投，寿命按90岁计算，则需要准备90−55=35年的退休金，可定投的时间即为55−30=25年。同时，个人退休年龄越早，能拿到的养老金就越少，退休后的经济压力也会越大。而且，如果从相同的时间开始定投，越早退休就意味着定投时间越短，要想在退休后维持当前的生活质量，那么每月定投的金额就不得不增加。

（2）计算需求资金

投资者需要先统计出自己每年的必要支出，包括衣食住行、休闲娱乐、医疗等各个方面；之后根据养老收入替代率的国际标准（70%~85%），用每年的必要支出额乘80%；最后考虑通货膨胀率（约3%），估算出退休那一年所需资金的终值。

（3）预测退休后收入

退休后收入主要包含社会保障、企业年金、商业保险、投资收益、兼职收入等多个来源，投资者应当对其有大致的预期。

（4）计算退休金缺口

退休金缺口 = 退休后总资金需求 − 退休后收入 − 已有退休金终值 − 基本养老金

已有退休金终值可以是退休前进行的储蓄、投资等的金额,但要注意不包括养老储备定投计划所用的资金。

(5)制定并调整方案

如果最终计算出的养老金缺口较大,压力较重,我们就可以对该方案进行调整,如适当降低对生活质量的要求、合理推迟退休年限、考虑退休后兼职、更换收入更高的工作、努力提高投资收益率等,最后重新计算出退休后需要多少养老金。

通过退休后需要的养老金数额(FV)、定投年限(n)及年复合收益率(i),我们就可以通过年金公式大概推算出每月需要定投多少金额了,如图4-3所示。每月定投金额就是PV/12。

$$PV = \frac{FV \times i}{(1+i)^n - 1}$$

图4-3 定投年金(PV)计算公式

我们可以挑选2~4只基金进行组合,以指数基金为主、长期纯债基金为辅。以这个组合做20年定投计划,可以每月固定金额,连续投资20年,中间适当调仓并坚持长期持有。定投金额根据自己手里资金的多少来决定,一般是扣除各项费用和开支后净收入的一半或四分之一。

到55岁后,我们可以选择结束定投,也可以选择继续定投,到了60岁以后调整为长期纯债基金。从65岁开始,我们就可以每月取出一定的金额满足自己的养老日常花费。

在养老储备定投计划中,最重要的就是投资策略:退休前,只投入、不取出,分红方式选择红利再投资;退休后,分红方式改为现金分红,优先使用分红作为养老开支;如果不够,再选择按需赎回本金。

除此之外,近些年我国也正式推出了一种创新型公募基金——养老目标基金。2018年8月6日,首批养老目标基金获准发行。该产品的主要目标是使投资者的养老资产能够长期稳健地增值。它使用较成熟的投资组合配置策略掌控波动风险,鼓励投资者长期持有。

养老目标基金分为两类:一是目标日期型养老基金,以投资者的预计退休日期为出发点,依据人生不同时期的风险承受能力变化调整配置方案;二是目标风险型养老基金,要在不同时间保持资产组合的风险恒定,投资者可在自身风险允许的范围内选择风格相符的目标风险基金。目前大家普遍采用的都是目标日期型养老基金。

表4-1列举了成立时间超过1年的目标日期型养老基金在2019年的运行情况。大多数目标日期型养老基金的夏普比率均超越中证全指,风险收益比较高。此外,所有目标日期型养老基金均有效控制了下行风险,下行标准差与最大回撤均大幅度低于中证全指。从截至目前的表现来看,我国的目标日期型养老基金确实在降低投资风险的同时为投资者创造了合理收益。

表4-1 成立超1年的目标日期型养老基金在2019年的运行情况

代码	简称	成立日期	规模 (2019/9/30)	夏普比率	下行标准差	最大回撤
006289.OF	华夏养老2040 三年	2018/9/13	42 443.180 4	1.578 9	4.28%	−4.25%
006290.OF	南方养老2035 三年A	2018/11/6	47 221.981 0	1.867 3	4.55%	−5.12%
006295.OF	工银养老2035 三年	2018/10/31	26 568.621 5	1.509 8	4.01%	−3.72%
006296.OF	鹏华养老2035 三年	2018/12/5	27 127.428 2	2.032 5	2.75%	−1.97%
006305.OF	银华养老2035 三年	2018/12/13	21 935.078 3	1.675 7	3.70%	−3.53%
006321.OF	中欧预见养老2035 三年A	2018/10/10	46 915.182 0	2.012 9	5.31%	−6.55%
006763.OF	汇添富养老2030 三年	2018/12/27	27 524.423 4	0.999 8	6.00%	−7.10%
000985.CSI	中证全指	…	…	1.456 1	13.73%	−16.50%

截至2019年12月底,我国共有养老目标基金35只,总规模为62.59亿元。从整体规模来看,养老目标基金这个创新型基金产品离得到广大投资者的认可尚有一段距离。但从证监会发布并实施的一系列法律法规中可以看到,监管层

一直在大力推动公募基金融入国家养老金制度改革,努力通过公募基金完善第三支柱养老金体系。未来,该类产品必将进一步发展,也将更加丰富,走向多元化。

子女教育定投计划

养育子女最大的支出项目就是与教育相关的费用。从婴幼儿培育开始,历经学前教育、九年义务教育等,到子女成年后接受高等教育,甚至中途还可能计划出国留学,父母在子女教育上的投入要远远大于其他生活开销。所以,如何设计好子女教育定投计划是父母们必须考虑的问题。

汇丰发布的全球调查报告《教育的价值:未来的基础》显示,中国父母重视子女教育并非止步于纸上谈兵,他们已经采取了积极行动,早早地就开始为子女未来的教育经费进行财务准备,包括预估费用投入、选定筹措方式、计算筹措时间等。

调查显示,很多父母对提前筹措子女教育经费都十分重视,如需在财务上进行取舍,他们最不愿意放弃的就是子女教育开支。约59%的受访父母表示,子女的教育经费是他们最不可能削减的开销,远高于平均水平32%。

约71%的受访父母在子女进入小学前就已经开始了相应的财务规划,为今后的教育道路打基础。在珠三角地区,这样的父母则多达83%,远高于全球平均值58%。这些父母中约有43%在子女出生前就已经开始未雨绸缪,对教育费用进行规划。

在子女教育定投计划中,首先要确定的就是子女主要的教育预算区间。一般来讲,子女的教育生涯可分为幼儿园3年、小学6年、中学6年、大学4年及研究生3年。如果有出国留学的计划,则需要在对应的时间区间内再增加额外预算。

在制定具体计划前要先进行教育相关信息的收集和分析。投资者要初步勾勒出对子女的教育预期，有针对性地收集相关信息。但要注意的是，教育金的规划还要考虑子女的意愿。因为不同的教育风格，其费用差异是很大的。

制定子女教育定投计划大致可分为以下四步。

第一步，列出期望子女将接受教育的程度，确定定投的期限。

第二步，根据父母自身的实际经济情况，确定定投周期与定投方式。

第三步，整理出每月可预留的资金和想要积存的总金额，决定每个周期要定投的金额。

第四步，遵循制定好的定投策略（坚持定投、止盈不止损等）。

在此基础上，如有余力，投资者还可以考虑子女的兴趣特长培养等。

纯债基金等中低风险投资品的主要特征在于求稳，适合用于积蓄基础教育费用，以及近 5 年内比较明确的教育费用支出。

指数基金的收益和风险相对较高，对短期波动的承受度也较高，可换取较高的长期收益。投资者可以通过它让子女的教育金更加充裕，尽可能达到学费目标的理想值。

置业定投计划

在大部分人的人生理想中，都会有购房置业这一项。可是，对于很多年轻人来说，房价一路走高，动辄上百万元的购房款似乎遥不可及。基金定投或许能帮助他们实现购房置业的梦想。

首先，投资者要确定自己是打算贷款买房还是全款买房；如果是贷款，那么自己每个月能承受多大金额的债务。

投资者对自己未来所购房产的大小、总金额及付款方式有了大致的预期，就可以依据最后得到的所需金额数字制定具体的定投计划了。具体的计算方式可参考前文提到的公式。

在置业定投计划中，投资者可以适当增加一些高风险、高波动的基金的配置比例，以追求更高的收益率，加快定投金额目标的完成速度。

年终奖定投计划

每到年末，很多人都会收到公司发放的一笔年终奖金。对于这笔资金，很多人的第一想法就是进行一些平时不太舍得的消费活动，犒劳辛苦忙碌了一年的自己。但也有很多积极的投资者的处理方式是将它管理起来，规划投资，以财生财。

那么，对于这笔资金，如果我们要投资，选择什么时间最好呢？

根据以往的市场表现，我们会发现一个奇妙的规律。在过去的十几年里，大部分情况下，每年的2月，股票市场都会上涨4%左右。所以，如果想进行投资，最好选在春节前操作。而年终奖最大的优势就是它大多在1月或春节前到账，刚好对应了这个时间点。

对于出现这种规律的原因，目前还没有特别准确的解释。一个相对合理的推测是我国普遍习惯将春节作为一年的开端，银行放款、企业经营、个人投资等行为通常都在春节后进行。因此，市场资金面会在这段时间迎来改善，从而拉动股票市场整体上涨。这就给我们的年终奖投资带来了一定的优势，如果我们在春节假期之前就完成年终奖的投资，大概率能节约一些成本资金。

年终奖的金额通常较小，投资者可以预留出置办年货的资金，剩下的一次性投入低估指数基金中，并不会对之前进行的定投计划产生太大的影响。每年拿到年终奖时，我们都可以按此操作，等同于在原先的定投计划之外增加了一个按年定投的计划，长期下去将会有较可观的收益。

如果业绩较好，我们拿到了金额较大的年终奖，则可以按"100－家庭成员平均年龄"的策略分配。例如，某家庭的成员平均年龄为40岁，那么该家庭就可以把大额奖金的60%投入低估指数基金中，剩下的40%可以用更稳妥的方式进行打理，如投入优秀的债券基金品种中。这60%的奖金也可以做进一步的规划，例如，更细致地将它分为12份，纳入日常的月定投中。

需要注意的是，对于家庭资产，投资者应在年终奖到来之前做出合理的规划。在投资前，投资者应预留出一部分应急资金，而不要把所有的钱都投放到流动性较差的理财产品中。尤其是春节期间，购买年货、孝敬父母、和朋友聚会这种必要的生活支出还是比较大的，所以投资者应在手里留一部分备用的零花钱。

虽然每个人的年终奖金额不尽相同，但总有与其相对的理财方法和途径。下面为大家提供一种分类投资方法，以供参考。

（1）年终奖金额在1万元及以下

对于年终奖金额在1万元及以下的职场新人而言，年终奖的理财规划应首先偏向于安全的保本理财，兼顾收益和资金灵活、容易变现，能够应付短期的资金紧缺。

（2）年终奖金额在1万元以上、3万元以下

纯粹的低息保本投资一般不能满足这部分人的需求，这部分人可以适度提高风险偏好，在保证资金流动性的基础上冲击高收益。

（3）年终奖金额在3万元以上

资产越多的人一般对理财也越有研究。所以，有经验的投资者可适当调整风险等级；如果是投资经验较少的人群，则可优先选择安全性高的平台，同时也可在理财产品种类的尝试上扩大范围。

无论如何，投资者必须理性判断自身的风险偏好及投资对象的风险级别，切忌购买超出自身承受能力范围的产品。

第 5 章

指数估值：教你买到便宜的基金

我们在指数基金投资中经常听到这样的评论:"这只股票估值过高""A股估值已经很便宜""目前指数估值低估,正是定投的好时机"……那么,究竟什么是估值?指数估值究竟怎么看?它是不是意味着定投的时机到来了呢?本章将为大家详细介绍估值的含义与方法,以及相关的注意要点。

5.1 什么是估值

指数基金是目前金融市场上相当重要的投资品种,因为它可以非常直观地反映当前整个市场的状态。而估值则是指数基金定投中最常见也最重要的一个概念。

估值的含义

在详细了解指数的估值方法前,我们先来了解估值的含义。

在通常情况下,公司的总资产和获利能力决定了它的内在价值,而这又影响着它的上市价格。投资者所能具体观察到的,主要是其上市价格的变化。

所谓估值,就是人们用于评估股票、基金、指数等某项资产当时的价值的过程,一般用于衡量其当时的价格是物超所值,还是有价无市。例如,一件商品的估值是500元，但此时售价是300元，那么立刻买入就非常划算；但如果过一段时间，售价涨到了800元，那就最好选择观望或放弃。

在具体买卖某只股票时，我们也会根据各种信息估计股票的价值，然后与当前价格进行对比，判断它在当下是否值得购买。

大多数投资散户习惯通过价格判断股票的贵贱，通过点数判断市场的高低，但这种方法其实很容易产生偏差。因为不同股票的规模、盈利能力、增长率完全不同，价格数据所意味的状态也完全不同。同样，2010年和2020年的4 000点，虽然点数相同，但其估值却天差地别。

所以，我们得出一个基本结论：要想判断一个东西的贵贱，除了它的价格之外，我们还必须知道价值。用价格和价值进行对比，才能得出结果。

指数作为一系列股票的集合，也可以用同样的方法进行估值，这就是我们平时所说的指数估值。

估值最常用且最有效的指标是市盈率。我们所说的指数估值，一般代表的就是当前指数成分股的整体市盈率估值。它是对某个指数中所涵盖的全部上市公司的数据进行计算，最终得出的整体平均的结果。它是衡量指数价值的指标，可以反映这个指数的整体估值水平。不同指数之间可以用该数值进行对比，某个单一指数也可以用当前的数据与自身的历史状况进行对比。

指数估值能协助投资者判断当前状况是否适合买入，也能用于分析当前市场水平是否高估、后期预计有多少下跌空间等。

指数由成分股构成，指数估值也就是所有成分股估值的集合。从投资价值的层面来看，如果某只股票的市盈率此时处于低估状态，那么投资者低买高卖，后期盈利的概率会较高。如果处于高估，则当前不值得购买。放到指数估值中也一样，投资者可以通过比较历史估值数据与当前估值情况进行一系列的判断。

投资者需要注意的是，一般过往业绩不能完全预示未来表现，市场有风险，投资需谨慎。

相对估值法与绝对估值法

目前市面上流行的估值方法有很多种，但从原理上总结起来，投资者在对指数进行估值时一般采用的都是两类方法：相对估值法与绝对估值法。

相对估值法

相对估值法主要是对历史上一只指数基金所跟踪指数的某个指标进行计算，得出当前指标在历史指标中的位置。一般是当前市盈率在历史市盈率记录中的相对位置、当前市净率在历史市净率记录中的相对位置，当然也可以是其他指标，如每股收益等。

相对估值法是所有指数估值方法中最常见的一种，其使用的估值指标包括市盈率、市净率、股息率、净资产收益率等。运用该方法计算出的结果是一个倍数，它们都可以用于对比不同行业之间及某行业内部的不同公司之间的相对估值水平。

相对估值法的核心在于参照物。这个参照物可以是同类比较，可以是历史比较。

在相对估值法的所有指标中，市盈率是最常用于评估当前股价水平状态的指标之一，是很有参考价值的股市指针。市盈率也称"本益比""股价收益比率"或"市价盈利比率"，它是指在一个考查期（通常为12个月）内某股票的价格和其每股收益的比率，相当于市场上公认的公司未来持续盈利的能力，其基本计算公式为"市盈率＝股票价格/每股收益（EPS）"。相应地，"指数市盈率＝指数总市值/成分股净利润总和"。

对于公司来说，市盈率为该公司的股票市值除以年度股东应占溢利。以不同的盈利计算方法划分，市盈率可被分为三种：静态市盈率、动态市盈率和滚动市盈率。

在计算静态市盈率时，投资者参考的是该公司上一财年的净利润。例如，在 2020 年 12 月计算某指数的静态市盈率时，其净利润使用的是该指数持仓股票在 2019 年的净利润。

在计算动态市盈率时，投资者参考的是估算出的公司未来一年内的净利润。例如，在 2020 年 12 月计算某指数的动态市盈率时，采用的是预测出的该指数的持仓股票在 2021 年的净利润。

在计算滚动市盈率时，投资者参考的是公司过往最近四个季度的净利润。例如，在 2020 年第四季度计算某指数的滚动市盈率时，采用的就是该指数持仓股票在 2019 年第四季度与 2020 年第一季度到第三季度的净利润之和。

其中，静态市盈率被讨论得最广泛；动态市盈率最值得投资者关注与研究；滚动市盈率的时效性更强，因此估值时最适合用作估值指标。

除此之外，还有一些特殊的市盈率数值需要投资者了解。

（1）席勒市盈率

席勒市盈率是使用计算对象过去 10 年的平均净利润作为分母的计算方式，计算方法为市值除以过去 10 年的平均净利润。

（2）中位数市盈率

中位数市盈率的策略是将该指数的全部成分股按照各自的市盈率数值从高到低进行排序，最后取最中间的数据作为最终结果。

如果指数各成分股的平均市值规模差异较大，则可以辅助参考中位数市盈率。例如，在牛市中，如果某指数的中位数市盈率已经进入了高估区域，就表示该指数中的大多数成分股都达成了较大幅度的上涨，可能即将面临一定的风险。

市盈率估值指标一般更适用于基本面和业绩增长长期比较稳定、周期性较弱的公司。某个单独的公司经营状况的不确定性，很有可能会使市盈率估值法失去其应有的效果。指数成分股数量大、种类丰富，从而可以对冲个股的风险及行业和个股的不同特性，这刚好满足了市盈率估值法对稳定性的要求。所以，对于指数估值来说，使用市盈率估值指标非常合适。

一般来讲，影响某股票的市盈率发生变化的因素主要有以下四点。

（1）上市公司预期获利能力的高低

如果某上市公司的预期获利能力在持续提高，即使它目前的市盈率水平较高，也依然值得投资者继续对其进行投资，因为未来其市盈率会随着公司的发展而不断变化。

（2）分析和预测公司未来的成长性

上市公司的收益是否持续提高，取决于其未来的成长能力。投资者更愿意为成长性强的公司股票做出较大的投入，以获得更好的成长收益。

（3）投资者收益率的稳定性

如果上市公司的经营效益良好且稳定，投资者就更愿意持有它的股票。由于被市场普遍看好，其未来的市盈率则也会有所提高。

（4）利率水平变动

当市场整体的利率水平发生变动时，市盈率也将做出相应的改变。利率与市盈率的转换关系通常可以用以下公式表达。

$$市盈率 = \frac{1}{1\text{年期银行存款利率}}$$

该公式可用于帮助投资者衡量某上市公司的市盈率是否处于合理的水平，但其结果并非百分百可靠。例如，许多因自身良好的成长性而被市场普遍看好的高科技上市公司的市盈率就会相对较高。

如果投资者想用市盈率评判某股票的投资价值，就需要注意以下三点。

（1）投资对象的优劣与否只有通过比较才能够准确判断

客观地讲，目前并不存在一个能够完全清晰划分优劣的绝对指标。对市盈率进行考查，必须参考在特定经济环境中的市场利率的变化情况。在市场利率降低的情况下，市盈率可能略高，但仍具有投资价值；在市场利率上升的情况下，市盈率的合理性也会发生变化。

（2）不要过于放大市盈率指标对投资价值评估的效果

市盈率属于短期静态指标，只能够展现某一段时期内的证券投资收益情况。而投资者在进行权益性投资时主要考虑的是长期性。投资者不仅要观察当时的收益情况，还要预测未来的收益发展，而市盈率指标在这方面就有着很大的不足。

（3）用市盈率衡量单一公司股票的准确率不一定很高

市盈率被用于衡量整个大盘的估值水平高低时是最有参考意义的指标，但如果用于判断单个股票的估值就难免会有失偏颇，它必须结合风险水平才能协助投资者做出合理的投资价值评判。因此，投资者在不同的股票之间选择时不能单看市盈率这一个指标，还应该综合考虑多项因素。

除了市盈率以外，还有一个常用的指标——净资产收益率。

净资产收益率又被称为股东权益报酬率、净值报酬率、权益报酬率、权益利润率、净资产利润率等，是净利润除以平均股东权益得到的百分比，也是公司的税后利润额除以净资产总额得到的百分比。它是反映公司盈利能力及经营管理水平的核心指标。

该财务指标对于评判股东资金的使用效率情况非常重要，能够体现公司股东权益带来的收益水平，并用于测算该公司对自有资本的运用效率，也就是公司的自有资本获取净收益的能力。其数值越高，则表示投资产生的收益值越高。

通常来讲，一家公司的负债水平的上升会带动其净资产收益率的提高。当公司的净资产保持不变时，该公司股票的净资产收益率越高，公司的净利润也就越高，其计算公式如下。

$$净资产收益率（ROE）= \frac{净利润（E）}{净资产（B）}$$

绝对估值法

与相对估值法不同,绝对估值法首先需要对某一家上市公司历史的与当下的基本面进行分析,并预测能体现该公司经营状况的系列相关财务数据在未来的变化;然后得到估值对象的内在价值,将这个结果与估值对象此时的价格做对比并得出结论。这种估值方法的核心是以投资对象在未来能产生的现金流为关注点进行测算。某类投资品种在它的整个生命周期内能够产生的全部现金流的折现值总和,就是它的绝对估值。

绝对估值法常用的计算模型主要有股利贴现模型、自由现金流贴现模型和剩余收益估值模型等。

股票价格的波动通常会以该股的内在价值为中心。绝对估值的作用就在于帮助投资者发掘处于被低估状态的股票,在其价格与内在价值差距较大时买入,在其价格回归到内在价值的水平甚至达到更高水平时将其卖出以获得盈利。

从原理上看,绝对估值法计算出的结果更贴近品种的真实价值。一般来讲,资产未来的现金流确定性越高,绝对估值法得出的结果就越精准。所以,绝对估值法不太适用于股票估值。

相对估值法和绝对估值法都是指数投资中不可忽视的参考法则。绝对估值主要体现的是指数自身在当前的情况,而相对估值强调的是对比,通过树立一个标准参照物来体现指数当前偏离标准的情况。以这两个重要指标为依据,投资者可以更精准地对投资的有效性进行量化。在众多参考策略中,没有哪一种是完美的,每一种方法都有自己的优缺点,也都有自己更加适用的对象类型。

在实际应用时,投资者可以将它们结合起来,更好地完成估值。

如何判断估值偏高或偏低

至此了解了估值的两大类方法的原理,那么指数估值怎样才算低估或高估呢？

在一般情况下，投资者主要利用市盈率数值判断指数估值的高低。针对某单一指数的市盈率计算方法为用其成分股的总市值除以它们所属的公司近一年的净利润。而金融行业通常会采用市净率这个指标判断估值的高低。针对某单一指数的市净率计算方法为用其成分股的总市值除以它们所属的公司近一年股东的权益收益。关于市净率，后面将详细介绍。

例如，假设某只银行股的市盈率为10倍，则代表它此时的股价是每股收益的10倍；另一只银行股的市盈率为15倍，那么如果仅从市盈率的大小判断，似乎前者比后者要更便宜。

如果此时整个银行业的平均市盈率为12倍，那么第一只银行股的市盈率就低于行业整体的平均水平，我们就可以说它此时的估值较低，价格水平是被低估的状态。相应地，第二只银行股则可以被称为估值较高。

如果某只股票当前的市盈率处于低估状态，此时买入相当于低买高卖，赚取盈利的可能性也会较大。如果此时处于高估状态，高价买入，就很难再以更高的价格卖出，赚取盈利的可能性较小，不值得投资者立刻买入。

通过对相对估值法的运用来对比不同公司的估值大小，能够筛选出一部分在市场中相对处于低估状态的公司。但这也不是绝对的。例如，在牛市中几乎所有股票的估值都会高于平时的普遍水准。

这里就需要强调相对估值的"相对"性。也就是说，估值得到的数字并不是股票价格的直接参考值，投资者仍需要将其与历史值或其他股票进行比较，才能够看出当前所处的估值水平是高还是低。

在运用相对估值法时，投资者可以将指数当前的估值水平与其历史估值水平进行比较。如果当前的估值与历史估值相比在相对低位，那么此时该指数就是低估状态，反之则是高估状态。

总结历史经验，我们可以得出一个结论：某指数的市盈率越低，则代表其估值越低，对投资者来说就越具有投资潜力，但同样也有可能意味着大部分投资者不看好该公司的发展；反之，其市盈率越高，估值则会越高，存在泡沫的可能性就越大，但同样也可能意味着投资者普遍看好该公司，对它未来的高速发展抱有期待。

投资者可以将某指数估值与一个比较成熟的市场对比，如美股或港股。一般来说，它们的熊市市盈率普遍位于5～10倍，牛市市盈率则会上涨到20倍左右。不过也有例外，如创业板。历史数据显示，创业板的市盈率上涨到60倍以上才算高估。

由此，历史百分位的重要性就凸显了出来。不同市场、不同行业的指数的市盈率水平会有很大差别，参考历史百分位是一种更加科学的方法。

历史百分位有两种计算方法，一种是时间轴百分位，另一种是绝对值百分位。

时间轴百分位等于该指数历史上所有低于当前市盈率的市盈率值出现的天数除以该指数历史上所有交易日天数。这个数据表示当前市盈率值比历史市盈率值高的概率。市盈率百分位一般使用近5年市盈率的数据进行计算。

这种计算方法的弊端在于给某个估值水平进行了时间加权，因为市场底部或顶部都非常短暂，所以可能导致投资者判断这个指数进入高估区间过早，或者判断这个指数进入低估区间过晚。

$$绝对值百分位 = \frac{目前估值 - 历史最小}{历史最高 - 历史最小}$$

这种计算方法的特点是简单，但是历史最高未必能再次触及。例如，沪深300指数在2015年牛市的估值水平，还是低于2007年牛市的估值水平的。在实际运用中，时间轴百分位更受投资者的欢迎。

搞清楚历史百分位的概念，投资者就很容易判断当前指数是处于低估还是高估了。

例如，某指数的市盈率下跌到 10 倍时，假设已经到了 15% 的时间轴百分位上。也就是说，历史上只有 15% 的时间市盈率小于 10 倍。那么，当该指数估值为 10 时，已经是比较低的水平，是正适合买入的机会。

如果有人只告诉投资者，目前沪深 300 指数的市盈率是 11.77 倍，投资者是无法判断这个估值水平的高低的。但是，如果告诉投资者它的历史最高市盈率是 25 倍，而且历史上仅有 42.97% 的时间估值水平比这个低，那么这个估值的时间轴百分位就是 42.97%，投资者通过这个数据就可以意识到目前的估值处于适中水平。

当市场情绪处于狂热状态时，会有很多人被吸引入场，市场整体的估值水平就会被拉高，股票价格也将一路走高；而当市场情绪悲观时，投资者又会被感染，争先恐后地将手中的股票抛售出去，此时即使好股也会下跌，导致估值水平下降，股价变得"便宜"。

所以，识别指数估值水平的变化、了解当前所处的位置对于每一位投资者都有重大的意义。在市场氛围低迷、估值水平低时买入，在市场情绪高涨、估值水平高时卖出，就有更大的概率赢取超额收益。

许多投资平台现在都可以查看"指数红绿灯"，可以帮助投资者更直观地看到估值情况，如图 5-1 所示。

图 5-1　指数红绿灯

5.2 估值过程中要关注的因素

除了市盈率与净资产收益率以外，在估值中还有一些需要投资者关注的概念，如市销率、市净率、股息率等。

市销率的概念较简单，使用频率也较小。对于上市公司整体来说，市销率等于该公司的股票市值除以其营业收入；对于公司的单只股票来说，市销率等于该公司每股股票的价格除以每股的营业收入，其计算公式如下。

$$市销率 = \frac{公司的股票市值（P）}{公司的营业收入（S）}$$

市销率这个指标适用于对所有股票与指数进行估值，但其缺点在于不能反映公司的成本变化，因此比较适合对初创型公司和高新科技公司进行估值。

接下来详细介绍更常用的市净率与股息率。

市净率：估值指标二把手

从公司整体的层面上看，该公司的股票市值除以该公司的净资产得到的结果即市净率；从公司单只股票的层面上看，该公司每股股票的价格除以每股对应的净资产得到的结果即市净率，其计算公式如下。

$$市净率 = \frac{公司的股票总市值（P）}{公司的净资产（B）}$$

公司的净资产即公司的账面价值（公司的总资产减去总负债），是公司资本金、资本公积金、资本公益金、法定公积金、任意公积金、未分配盈余等多个条目的合计值，它代表全体股东共同享有的权益。

股份公司的经营状况决定着净资产的大小。整体的业绩表现越优秀，其资产增值的速度就越快,股票净值也会越高,股东享受的权益则越多。对于大部分公司来说,净资产额通常要比盈利额有更高的稳定性。因此,这个指标可以用于评估盈利状况浮动较大的周期性指数。

市净率在评估高风险公司及实物资产占比较大的公司时尤其受重视。通过市净率定价法进行估值主要有以下三个步骤,如图5-2所示。

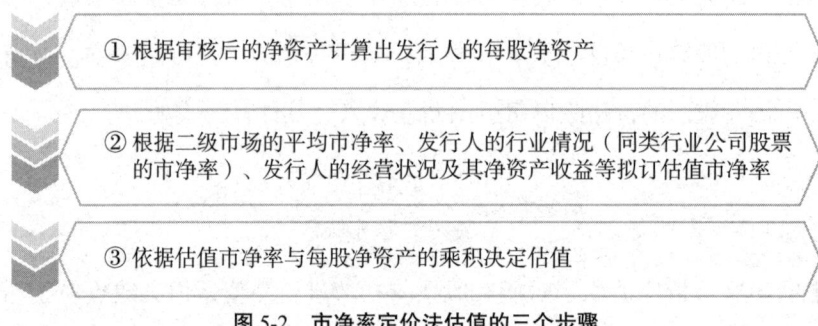

图 5-2 市净率定价法估值的三个步骤

市净率这个指标可以用于对股票进行投资价值分析。一般情况下,市净率较低的股票,其投资价值往往较高;反之,其投资价值则会较低。但在对投资价值大小得出具体结论时,还需要综合考虑市场整体环境、公司经营状态、未来盈利潜力等多方面因素。例如,钢铁、电子等这类公司本身拥有强大的实力,经营环境好,泡沫少,应对风险能力较强;互联网等产业属于虚拟经济,泡沫较大,即使其市净率低,也很有可能出现较大的风险。

相比市盈率,市净率估值的优点主要在于净资产比净利润更稳定、波动更小。但如果净资产价格不稳,市净率也会失效。一般指数在计算净资产时采取的方法是各成分股净资产按照权重比例相加,可避免个别公司净资产不稳定造成的影响。

另外,市净率这个指标不适用于短线炒作、提高获利能力,比较适合长期投资者使用。

市净率指标的主要相关参数有三个:净资产收益率、贴现率、增长率。如果公司的利润不增长,则"市净率=净资产收益率(ROE)/贴现率(r)",r

值一般取 10% 左右。

大多数公司的净资产收益率会长期和社会平均的股权投资回报率保持一致，短时期内太高或太低都会导致竞争对手的同步变化，从而使公司的净资产收益率始终围绕 10% 上下波动。因此，大部分公司合理的市净率都在 1 倍左右；如果公司有所增长，就会略微超过 1 倍。仅有少数公司能够长期拥有极大的竞争优势，导致其净资产收益率远大于 10%。那么在这种情况下，该公司的实际价值就会远远超过其账面净资产，合理市净率也会达到更高的倍数。

市净率常见的误用情况主要有以下三种。

（1）市净率低与有价值不一定画等号

公司的净资产收益率是市净率的一个重要影响因素。因此，那些股票的市净率跌破 1 倍，很有可能是因为其公司的盈利价值非常低。投资者投资这类公司会很容易踏入深坑。

（2）资产重估或资产虚增压低了市净率

尽管账面净资产与净利润不同，变动幅度较小，但如果该公司有财务造假的问题，账面净资产的实际价值其实非常小，市净率便也会对该公司的价值高估。

（3）风险过高

贴现率也是市净率的一个非常重要的驱动因素。如果公司在经营中承担了过高的风险，就有很大概率因为某个判断的失误，导致其账面净资产全部损失的严重后果。

股息率：衡量现金分红收益率

股息率也称股息发放率，是指净收益中股息所占的比重等于公司一年内的派息总额除以该公司当前的市值，其计算公式如下：

$$股息率 = \frac{每股股息}{当前股价}$$

该指标是投资收益率的简化形式，反映的是公司的股息分配政策和股息支付能力。例如，某公司当前的市值为200亿元，一年内共派息10亿元，那么它的股息率则为10亿除以200亿，等于5%。股息率可以帮助投资者从公司分红的角度评估该公司和指数创造的收益率。在投资实践的过程中，股息率的高低是衡量公司是否具有投资价值的一个重要指标，股息率越高，就意味着该公司的投资价值越大。

股息率也是投资者在挑选收益型股票时一项非常重要的参考标准。如果某只股票的年度股息率已经持续多年稳定高于银行1年期的存款利率，则该股票就能够被视为收益型股票。在挑选其他类型的股票时，股息率也是主要的参考标准之一。

决定股息率水平的因素除了股利和股利发放率的高低以外，还有股价的高低。例如，有A、B两只股票，A股的股价为10元，B股的股价为20元，两只股票同样发放每股0.5元的股息，则A股5%的股息率要明显优于B股2.5%的股息率。股息率是投资者预期收益率的重要成分之一。

股息率主要有以下三种算法。

（1）即时股息率

即时股息率等于一只股票的分红除以这只股票即时的价格。计算中用到的股票的分红数据都是最新一年度已经完成的分红的数据。

即时股息率有利于检测投资者关注的某只股票现价下的投资价值。它的缺点是偶发性因素影响较大，准确率不稳定。

（2）加权平均股息率

加权平均股息率就是为这只股票几年内的分红求出一个平均值，然后用它除以这只股票即时的价格。

假设一只股票的分红情况如下。

该股票 2017 年每股分红为 A 元，2018 年每股分红为 B 元，2019 年每股分红为 C 元，2020 年每股分红为 D 元，2021 年每股分红为 E 元。

那么，这只股票这 5 年内的分红平均值即（A+B+C+D+E）/5，假设其计算结果为 F，那么该股票这 5 年的加权平均股息率等于 F 除以该股即时的价格。

加权平均股息率可以反映股票的长期分红能力，有效地平抑偶发性因素的影响，表现出的数据更全面，也更稳定。但其缺点是有可能放大或缩小未来的股息发放水平，相应地对未来投资价值的判断也会有偏差。

（3）历史成本股息率

历史成本股息率等于一只股票的分红除以这只股票的持仓成本（即当初购买时的股票价格），有利于检测过去的投资是否成功。

例如，某只股票最近一次的分红为 0.5 元，该股票此刻的即时价格为 10 元，持仓成本为 8 元，那么这只股票的历史成本股息率即 0.5/8=6.25%。

分红所得一般是现金分红，分红后再看该股票是否在低估状态，如果是在低估状态，可以再用分红的钱进行购买，这就是所谓的红利再投入。

如果分红后，该股票不在低估区域，投资者可以拿这笔分红资金去投资其他标的，以当时的市场品类状况再进行筛选。

很多人容易混淆股息率和分红率，那么它们之间究竟有什么区别呢？

分红率是指在一个考查期（通常为 12 个月）内，股票的每股分红除以考查期内公司净利润所得的百分比。分红率随股价波动而动态变动，其计算公式如下。

$$分红率 = \frac{每股股息}{每股盈利}$$

假设某股票当前股价为每股 100 元，其平均每股盈利值为 10 元，该公司的分红派息额为每股 4 元。

那么，该股票的股息率即分红的 4 元除以股价 100 元，计算结果为 4%；分红率即分红派息的金额 4 元除以每股盈利 10 元，计算结果为 40%。

所以，股息率与分红率之间的区别主要有以下两点。

第一，股息率的计算是能够跨年、跨会计周期的，但分红率的计算通常都只在一个会计周期内。

第二，在相同的时间维度下比较，股息率的分母是公司的市值（或股票价格），而分红率的分母是公司净利润（或每股盈利），二者数值上相差了 P/E 倍。

5.3 估值的技巧

在投资过程中，估值是不可或缺的重要环节，如何计算出准确的估值是投资过程中的一大难点。除了常规的估值方法以外，许多投资大师还总结出了自己独特的估值技巧。通过学习这些技巧，投资者可以更好地针对自身的需求，挑选更加适合自己的指数基金进行定投，从而达到收益最大化。接下来为大家介绍两种特殊方法：盈利收益率法和博格公式法。

盈利收益率法：盈利稳定增长

巴菲特的老师本杰明·格雷厄姆是一位著名的投资大师，《金融分析师》杂志曾刊登他的访谈记录。在访谈中，格雷厄姆提出了一个绝妙的选股方法。他实践了自己能想到的各种检验方式，考查时间长达 50 年，结果其投资业绩都大大优于市场整体表现。这个选股方法就是本节即将介绍的盈利收益率法。

盈利收益率等于公司的净利润（E）除以公司的股票市值（P），其结果是市盈率的倒数。它反映了公司在单位股票市值下的盈利情况，也就是投资者以当前的价格买入后取得的收益率。对于大部分投资者来说，收益率才是最值得关心的问题，盈利收益率正解答了这个疑问。

一般来说，公司的盈利收益率越高，则代表该公司的盈利能力越强，也越有可能被低估。对于大部分指数基金来说，如果投资者在盈利收益率高时选择开始定投，长期收益都将会非常可观。所以，投资者要尽可能地在盈利收益率较高时开始定投，在盈利收益率较低时停止定投，甚至卖出，这样才能保证一定的盈利。

盈利收益率法，其实就是对绝对估值法的一种应用。

前面介绍过，绝对估值法是把一个品种未来的现金流折现到现在，计算出所有现金流的现值，如果股价低于它，说明当前的价格是被低估的，投资者可以考虑投资。

这就涉及折现与折现率的概念。

折现是指将时点处资金的时值折算为现值的过程。资金是有时间价值的，今天的 1 元钱和一年后的 1 元钱在价值上无法等同。如果想要将它们在价值上进行比较，就要把一年后的 1 元钱折成今天的价值，即折现。

折现率则是指将未来有限期预期收益折算成现值的比率。例如，折现率为 10%，那么一年后的 100 元就相当于现在的 $100/(1+10\%) \approx 90.9$ 元，两年后的 100 元就相当于现在的 $100/(1+10\%)^2 \approx 82.6$ 元。换一个角度理解，折现率就是投资者想要的年复合收益率。假如投资者想要 10% 的年复合收益率，那就可以用 10% 折现到现在，算出一个价格。用这个价格买入并持有，就可以获得 10% 的年复合收益率。

由此可见，如果投资者要求的年复合收益率越高，使用的折现率越高，那么折算到现在的价格就越低，资产出现这么低的价格的机会也会越少。

那么，究竟多高的盈利收益率才值得投资者投资呢？格雷厄姆认为，当指数基金的盈利收益率大于 10% 且大于国债收益率 2 倍时，投资者才应当开始考虑投资。

第一，盈利收益率要大于 10%，是使用盈利收益率法买入指数基金的主要规则。格雷厄姆对世界各个国家的股市历史数据进行观察，发现大多数国家的股市在熊市最低点时，市盈率都会在 10 倍以下，盈利收益率都会在 10% 以上。也就是说，在市盈率达到 10 倍以下时，整个市场就已经处于低估状态，如果此时投资者选择买入，未来有很大的概率会获得较高的收益。

第二，格雷厄姆认为，因为国债收益率代表的是无风险收益，所以只有当股票的盈利收益率是国债利率的 2 倍以上时，投资者才可以考虑股票投资。

相应地，投资者卖出的标准线则为盈利收益率低于债券收益率。

我国债券基金长期的平均收益率在 6.4% 左右。如果指数基金的盈利收益率不足 6.4%，便不如将其卖出，换成更加稳定、风险更小的债券基金。所以，投资者应当在指数基金的盈利收益率低于 6.4% 时将其分批卖出，转换成其他产品进行投资。

总体而言，基于当前我国的利率和基金收益水平判断，投资者利用盈利收益率水平来定投指数基金的具体策略如下。

- 当盈利收益率大于 10% 时，分批买入。
- 当盈利收益率小于 10% 且大于 6.4% 时，保持不动。
- 当盈利收益率小于 6.4% 时，逐步将其卖出。

每位投资者的风险承受能力与风险偏好都有所不同，可在此基础上根据自身情况对其微调。但需要注意的是计划一旦确定，就不要轻易修改。

一般情况下，盈利收益率在短时间内变化不会太大，不会出现变化很频繁的极端情况。所以，投资者只需要在每月定投时查看一下盈利收益率，再根据它当时所处的范围选择相对应的操作，就可以达到一定的投资效果。

盈利收益率法也有它自身的局限性。

第一，盈利收益率法的使用条件较苛刻，指数的盈利非常稳定，这是使用这个指标的大前提。这个方法一般仅适用于蓝筹股指数和大盘股指数等持续稳定盈利且流动性好的指数进行估值。如果指数出现了亏损，盈利收益率法就会失效；如果指数的盈利状态不稳定，那么盈利收益率的计算结果也会不准确。

第二，必须在同行业内对比。例如，如果将白酒股和科技股放在一起比较，用市盈率判断它们的估值大小，将无法得出有意义的结论。因为不同行业的发展潜力不一样，其增速也是不一样的。

第三，个股估值时太过局限，较适合指数估值。指数的成分股数量多，对冲了个股的风险。整个指数的走势只受到市场情绪的影响，只存在系统性风险。

博格公式法：盈利快速增长

我们都知道盈利收益率法简单、有效且可靠，但缺点是仅适用于盈利稳定的指数估值。那么，对于盈利增长较快或盈利情况波动比较大的指数基金，投资者就需要使用另一种方法——博格公式法。博格公式是指数基金投资中非常有名的公式，通过学习博格公式，投资者可以掌握更专业的投资技巧，从而获得更多的收益。

约翰·博格是博格公式法的首创者，他被称为"指数基金之父"，是指数基金的创始人，世界上第一只指数基金的发明者，对指数基金有着独特且深入的研究。同时，他也是一位成功的企业家，是世界第二大基金管理公司先锋集团的创始人，掌管着上亿美元资金的运作。约翰·博格还与巴菲特、格雷厄姆、彼得·林奇并列，被财富杂志评为"20世纪四大投资巨人"。

约翰·博格分析了影响指数基金的几个重要因素，提出了他自己的指数基金收益公式。在投资盈利高速增长或周期变化的品种时，投资者可以使用博格公式。这个公式适用于大部分的指数基金。

约翰·博格通过对长期投资经验的积累，分析了指数基金回报的影响因素。他发现决定股市长期投资回报的因素主要有三个，如图5-3所示。

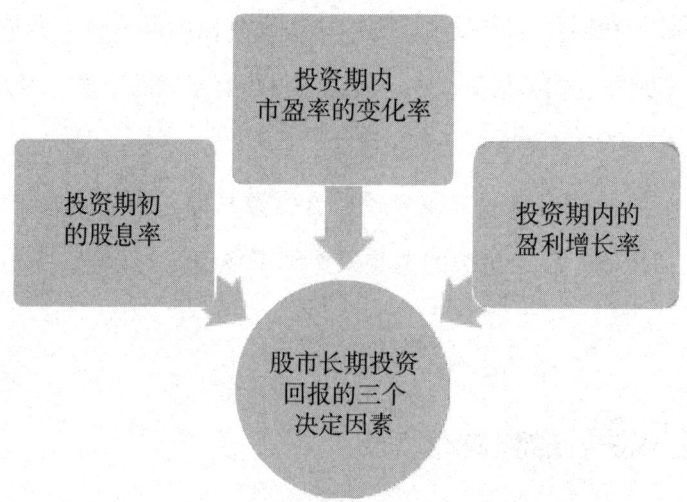

图 5-3　股市长期投资回报的三个决定因素

博格公式为"指数基金未来的年复合收益率＝指数基金投资期初的股息率＋指数基金的年市盈率的变化率＋指数基金的年盈利增长率"。

具体应用博格公式进行投资时,投资者并不需要进行十分复杂的计算。该公式有三个主要变量:股息率、市盈率和盈利。投资者使用它进行投资,也就是在研究这三个变量。

(1)股息率

股息率在期初相对比较容易确定。一般来说,指数基金越被低估,股息率就越高。

(2)市盈率

市盈率的变化率属于未来的指标,买入时的市盈率跟股息率一样可以直接获得,但是投资者无法预测未来市盈率走向如何,所以只能通过历史市盈率预测未来的市盈率。从长期来看,市盈率会在一定范围内呈周期性变化。

那么,投资者怎样利用市盈率周期性变化的特性呢?首先要统计市盈率的波动范围,然后判断当前市盈率处于什么位置。如果当前的市盈率水平与历史相比处于较低位置,那么它未来有很大的概率是上涨的。投资者可以在市盈率较低时买入，获取正收益。但投资者需要注意，市盈率的波动具有较长的周期性，在进行统计时需要限定一个较长的时间范围，最好是囊括2轮以上牛熊市。

投资者只要抓住市盈率低的时刻买入，等待未来市盈率的上涨，从而获得较大的市盈率变化，就能获得更高的收益。

（3）盈利

投资者无法预测指数基金未来的盈利增速如何，但长期来看，只要国家经济是长期健康平稳发展的，其盈利增长率一般也就会稳定增长。

因此，投资者在使用博格公式法挑选指数基金时需要注意：一要选择高股息率的基金；二要选择市盈率处于历史较低位置的也就是低估的基金。买入符合以上两条要求的指数基金，然后耐心持有，等待均值回归，投资者就能大概率保证获得不错的收益。

上述选基方法适用的指数基金有沪深300指数、中证500指数、创业板指数、红利机会指数、必需消费品指数、医药行业指数、可选消费指数及养老产业指数等。

但是，博格公式也会遇到障碍。

如果指数基金背后的公司盈利下滑、处于不稳定的状态，或者盈利呈强周期性变化，就会导致市盈率的分母——盈利E，失去其参考价值。

例如，前面提到的强周期性行业在熊市时盈利都会在短时间内大幅下滑，这样市盈率、盈利收益率、股息率等与盈利关系很大的指标都无法参考了。

在这种情况下，投资者可以通过市净率对指数基金进行分析。

前文曾经介绍过，市净率的公式为"PB=P/B"。其中，P代表指数背后公司的平均股价，B代表平均净资产。换算可得"P=B×PB"，即指数的平均股价等于指数的市净率乘公司的平均净资产。所以在投资期内，股价P的变化主要由指数的市净率PB的变化和公司的平均净资产B的变化决定。

此时，博格公式的变种公式即"未来的年复合收益率＝指数基金每年市净率的变化率＋指数基金每年净资产的变化率"。

博格公式的变种公式中少了股息率这个成分。因为股息属于公司资产的一部分，所以公司在派发股息之后，其净资产值会下降。由此可见，市净率的变化率中，其实已经对股息率有了一定的体现。

对于具有强周期性的行业指数，投资者应主要考查其市净率，市盈率只能作为辅助参考。

变种公式主要有以下两个使用条件。

第一，指数基金背后的公司盈利下滑，或者盈利出现周期性变化。

第二，虽然该公司的盈利水平不稳定，但是即使在经营困难时也没有出现亏损的情况，公司的净资产价值有一定的保障。

目前适合博格变种公式的指数主要有证券行业指数、金融行业指数、非银金融行业指数及地产行业指数。

实际运用变种公式时，投资者需要注意，应尽量选择在市净率低时买入，然后耐心持有，等待市净率回归，即可获得可观的盈利。

如表 5-1 所示，不同类型的指数基金需要投资者使用不同的策略进行投资。例如，投资者在对盈利稳定的价值指数进行投资时可以使用盈利收益率法，在对成长指数进行投资时可以使用博格公式法，在对周期指数进行投资时可以参考博格公式的变种公式。

表 5-1　各估值定投策略适用的指数

策略	适用的指数
盈利收益率法	上证 50 指数、上证红利指数、中证红利指数、基本面 50 指数、央视 50 指数、上证 50AH 优选指数、恒生指数、H 股指数
博格公式法（市盈率）	沪深 300 指数、中证 500 指数、创业板指数、红利机会指数、必需消费行业指数、医药行业指数、可选消费行业指数、养老产业指数
博格公式法变种（市净率）	证券行业指数、金融行业指数、非银金融行业指数、地产行业指数

新手怎样买入基金

在投资过程中，收益永远是投资者最优先考虑的要素。本章将从基金定投入场、开户到方法选择等方面，为投资者提供购买基金过程中的要点指导。

6.1 把握入场时机

投资者在选定要投资的指数基金后，还需要通过其长期走势情况判断最佳买入点。投资者应尽量在该指数基金的大部分成分股都处于低估状态时买入。指数基金最理想的投资状态是在低估值时买入甚至加仓，在估值正常时持有不动，在高估值时卖出，这样可以保证收益的最大化。

微笑曲线

基金定投的逻辑其实非常简单：持续小额买入，平滑降低成本。大部分投资者之所以亏钱，都是因为买贵了。A股市场一向是熊长牛短。如果投资者买在了市场高点，但是在下跌的过程中一直坚持买入，这样也能达到不断压低持仓成本的效果。当市场回升超过不断降低的持仓成本时，投资者就可以获得收益。如果投资者在低点买入，状态便更加理想，在市场上涨时自然可以获得相应的收益。

长期定投可以在很大程度上弱化入场择时带来的影响，但这并不意味着择时对收益没有影响，投资者依然应当慎重考虑入场点位。受到环境与波动的影响，很多投资者往往无法很好地调节心理状态，冷静定投。如果一开始的选择就是错的，那么这样的定投持续得越久，结果也就会越糟糕。

考虑到投资者心理的一般忍耐力和我国股市的起伏周期，基金定投一般以在牛市见顶下跌持续至少两年以后开始为宜，这样可以减轻投资者的痛苦，让投资者更容易继续坚持。投资者应当学会忍耐，忽略短期内阶段性的起伏，不要让扛过了多年市场风险的付出灰飞烟灭，在牛市高点时再一把卖出。

在定投里，有一个重要的概念叫作"微笑曲线"，如图6-1所示。微笑曲线的原理就是越跌越投，平摊成本，降低风险。所以，从本质上来看，定投属于一种择时分散的策略。在微笑曲线中，即使投资者买入时恰巧在高位，经过市场下跌和长期的底部投入，平均成本也将会被降低。

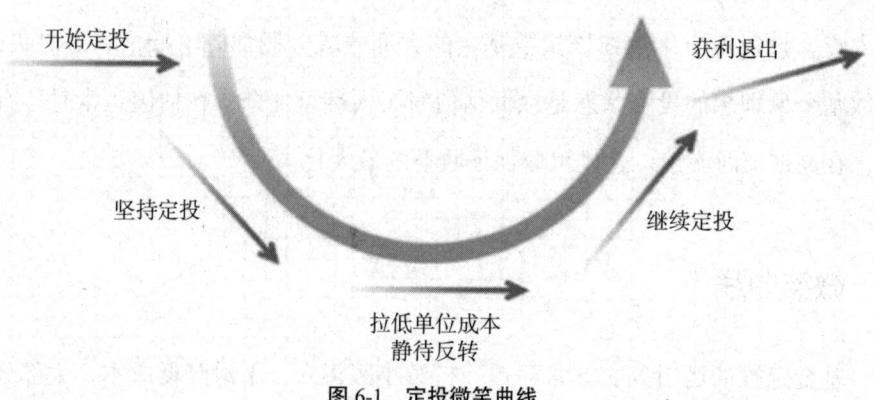

图6-1　定投微笑曲线

微笑曲线是基金定投的一种完美状态，有着理想化的色彩。也正因如此，定投的成功与否，与择时依旧有很大的关联。如果投资者在市场上涨时不断买入，就会拉高持仓成本。如果投资者先前定投的金额较小，在上涨时翻倍定投，就更是白费了前期的努力，最终很可能导致追在了山顶上。

因此，如果投资者想取得更大的投资回报，就要每次在市场低点买入、在市场高点卖出。因为最低点难以预测，所以投资者才要联系指数估值，选择低估时定投买入，高估时止盈卖出。

坚持让微笑曲线更美丽

微笑曲线充满魅力，人人都想要成功绘出自己的微笑曲线，达到最好的收益状态。那么，为了达成这个目标，投资者一定要调整好自己的心态，制定清晰、完整的投资策略，并用自身的坚持与信念完成这个投资过程。基金定投的最难之处就在于坚持，也只有坚持才能够让微笑曲线更美丽。

（1）在投资前做好定投计划、选好定投标的

投资最基本的一步就是选好投资标的。虽然不必对基金有十分透彻的了解，但至少需要拥有能够判断将投资的基金当前的估值如何、好在哪里、现在买是否合适的能力。

前文已经介绍过许多判断定投标的的优劣的技巧，投资者通过对这些技巧的合理运用，筛选出优秀的投资标的并坚持定投，在维持大方向不轻易变动的前提下适时进行规范调整，就已经成功了一半。

此外，进行基金定投需要做出长时间的规划。所以，对于投资者来说，制定一份合理的定投计划、对资金进行合理分配是十分重要的。

（2）在投资中调节好情绪

因为基金定投持续时间较长，所以在投资过程中最重要的难点是投资者的自我情绪调节。在市场低迷时，很多人看着自己的资金账户亏损金额不断增加，很难做到理性对待，都想立刻卖出止损。但这样其实很难在定投中获得收益，因为基金定投获利的要点就是通过长期的坚持来分摊成本与风险。

（3）在投资后适时止盈

笔者一直在强调，做基金定投的时间不能太短，否则无法取得靠时间分散

风险的效果。但其实基金定投的时间也不宜太长，投资者在定投的过程中不仅要懂得面对低谷依然坚持，还需要懂得适时止盈。

投资者可以通过当前的估值水平对基金的状态做出判断。如果它的价格和估值都已经上升到了相对较高的水平，那么投资者就可以开始分批赎回，达到锁定利润的效果。投资者也可以在制定定投计划时设定一个年化收益目标，达到目标后就可以分批赎回，进行止盈。

在做定投时，所有投资者都必须遵循一个原则，那就是在止盈时不要过于犹豫，而要保持坚定的态度。

基金定投贵在坚持。如果投资者想通过这种投资方式赚钱，就一定要精心筛选出优质的基金，学会耐心持有，并提前设置合理的止盈点，让微笑曲线更加美丽。

6.2 基金理财的运作流程

介绍了许多关于基金定投的基本概念，以及投资者在基金定投前如何筛选基金、如何进行入场择时等方面的知识，那么投入具体操作之中，投资者应该如何完成基金定投、进行基金理财具体有哪些操作流程呢？接下来结合具体案例进行讲解。

基金的走势图

要想通过基金来理财，理财者首先要知道完整的运作流程。普通的理财者购买基金的渠道有基金经理、代理商、基金公司的网络销售平台及银行等。虽然购买基金的渠道有很多，但理财者在实际选择时还是要遵循相应的步骤。

有些借助私人银行的理财者不需要进入基金市场自行选择基金，所以以下内容适用于需要自己选择基金的理财者。那么，在进入基金市场以后，理财者应该如何选择一款适合自己的基金呢？第一步便是要看基金的走势图，如图6-2和图6-3所示。

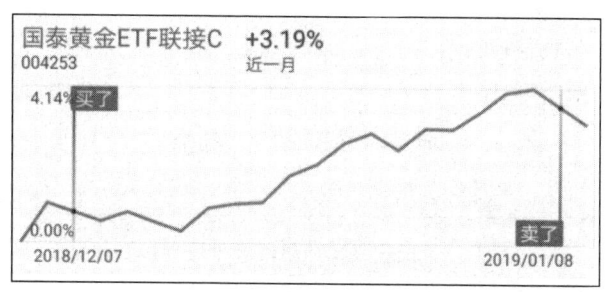

图 6-2　走势图分析 A

图 6-3　走势图分析 B

理财者应该观察基金的走势图，遵循"高抛低收"的原则。通过图6-2、图6-3可以看出，基金的净收益越高，风险通常也越大。为了更好地规避风险，理财者在选择基金时要注意观察走势图，如果买入时间恰巧在高点，可能会有一阵如坐针毡的时段。但从图6-2、图6-3的稳步上行状况来看，虽然这两只基金的利率增长幅度不高，但适合保守的理财者进行稳健投资。

基金的档案

除了走势图以外，理财者还应该查看基金的档案，以便了解基金规模、基金过往历史、基金经理的投资理念等信息。例如，从图6-4和图6-5的资产规模中不难看出这两家基金公司的经济实力和投资成功率。

基金全称	银华汇利灵活配置混合型证券投资基金A类
基金代码	001289
成立日期	2015-05-14
资产规模	4.13亿

图6-4　资产规模对比图A

基金全称	长安泓泽纯债债券型证券投资基金C类
基金代码	003732
成立日期	2016-11-16
资产规模	9.38万

图6-5　资产规模对比图B

理财者在选择基金公司时，一定要查看基金的档案，了解资产规模。不同基金公司的资产规模也许会相差很大。资产规模小的基金公司，其风险承担能力一般会比较弱。因此，对于钱少的理财者来说，选择稳健的资产规模比较大的基金公司更加可靠。

除了查看资产规模，理财者还要清楚基金的控股公司。例如，通过百度搜索，理财者可以知道"银华汇利灵活配置混合型证券投资基金A类"的实体控股公司。根据实体控股公司的实力和历史收益情况，理财者可以决定自己是否要购买基金。

在查看了基金的走势图和档案以后，理财者就可以着手进行基金交易，具体步骤如下。

（1）填写相关信息

基金公司会为理财者提供信息表和相关证明文件，如资产证明等。

（2）对理财者进行分类

针对理财者的个人情况，基金公司将对其进行分类。不同的理财者可以购买的基金会有一定的区别。此外，通过签订书面风险协议，理财者需要与基金公司一起承担可能出现的风险与后果。

（3）填写风险测评问卷

大多数基金公司都会让理财者填写风险问卷调查，并据此为理财者推荐合适的基金类型。如果以前理财者做过此类风险评估，有效期会保持在3年以内。一旦多于3年，基金经理在介绍基金时将重新为理财者进行风险评估。

理财者要想进行风险评估，可以打开理财软件。理财软件会自动为理财者匹配风险评估业务。以支付宝为例，在理财者买入基金之前，支付宝会预先跳出相关的风险评估提示。理财者点击进入并完成问题，就可以得到量身定制的风险评估结果，如图6-6所示。

图6-6　支付宝给出的风险评估结果

（4）理财者适当性匹配

除了理财者有相应的风险评估以外，基金也有风险等级划分。根据风险的高低，市场上基金的风险可以分为低风险等级、较低风险等级、中风险等级、较高风险等级与高风险等级。如图 6-7 所示，这只基金连续三年稳步增值，可以视为中低风险等级（即较低风险等级），同时获得晨星评级满五颗星。

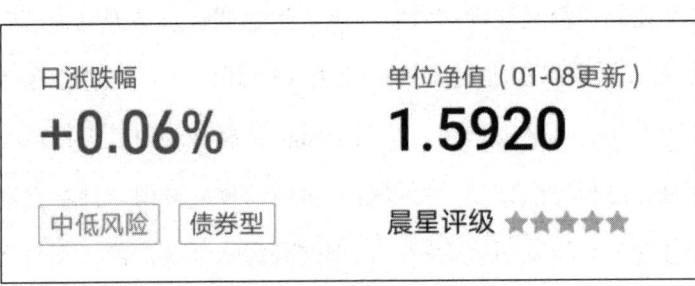

图 6-7　某基金的风险等级结果

基金经理会根据理财者的风险评估结果与销售的基金进行匹配。如果理财者在选择基金时，基金经理无法提供基金的风险等级，那么该基金将被视为不合规范的产品，理财者应该主动放弃。

（5）签署风险警示书

在基金经理向理财者做了风险警示以后，理财者要配合签署风险警示书。理财者在提出购买风险等级超过自身风测承压能力的基金时，基金经理会出示风险警示书。如果理财者执意想要购买，那么基金经理还是会满足其需求。

但是，理财者很可能会遭受损失，而且这个损失必须由理财者自己承担。因此，如果收到了风险警示书，理财者要做谨慎思考，想一想这只基金是否真的值得购买。

（6）合格理财者确认

在完成风险警示以后，理财者需要提供必要的资产证明文件或收入证明，以证明自己符合购买基金的要求。

（7）冷静期

双方在交易程序完成以后需要签署基金协议。每份基金协议都有相应的毁约期限，理财者可以在 24 小时以内决定是否要毁约。同时，基金经理不得主动联系理财者，也不可以用诱导性术语影响理财者的再次选择。在基金经理回访确认成功之前，理财者有权解除基金合同，并拿回自己已经支付的资产。

（8）资料归档

在上述步骤结束以后，理财者签署的材料及录音、录像等关键性证据会被基金经理保留。保留的期限至少为 20 年。

其实，基金理财就像种树。如果事先不对树本身的生长特性及当地能够提供的生长环境进行细致而全面的了解，那么很难想象树可以长得根深叶茂。同理，基金能不能产生丰厚的收益，不仅需要理财者的主观愿望，还需要理财者研究基金公司和基金经理。

基金开户流程

一般来讲，在基金投资中常见的账户概念有以下三个。

（1）基金资金账户

基金资金账户是投资者办理有关基金申购、赎回、红利分配等事项时用于资金收付的账户，即投资者用于开户的个人存折或银行卡。其账号就是存折账户号或银行卡号。

（2）注册登记机构账户

注册登记机构账户即基金 TA 账户，简称"基金账户"。它由注册登记人为投资者建立，主要的作用是管理和记录投资者对该注册登记人所注册登记的基金进行的交易中，交易种类、数量的变化情况。一般来讲，每位投资者在一家基金公司只能开立一个基金账户。

（3）基金交易账户

基金交易账户简称"交易账户"，由银行为投资者设立，主要用于在该行进行基金交易。如果投资者想通过银行代销网点办理基金业务，就必须先开立基金交易账户。该账户可以记载投资者进行基金交易活动的情况，以及所持有的基金份额。每位投资者只能在一家银行申请开立一个基金交易账户。

一位投资者在一家基金管理公司只能有一个基金账户，但是可以有多个交易账户。投资者也可以将持有的基金从一个交易账户转到另一个交易账户，这就是大家通常说的转托管。

交易账户和基金账户都可以在银行进行线下办理，也可以通过网银自助开户。

基金账户主要有以下两种。

- 用于对在交易所上市交易的基金进行买卖的基金账户。
- 用于对基金公司或证券公司的基金产品进行申购和赎回的基金账户。

虽然上述两种基金账户所针对的具体范围不同，但办理开户的流程区别不大。基金开户的途径还是较丰富多样的，投资者可以选择线上开户，也可以选择线下开户。

易方达基金管理公司是我国知名的基金公司，旗下有100多只基金产品，品种丰富多样，深受广大投资者的喜爱。接下来以易方达基金为例，为初次购买基金的人介绍基金开户的具体渠道（信息来自于易方达官方平台介绍）。

（1）银行开户

投资者必须携带自己的身份证，到拥有易方达基金代销资格的银行办理存折或借记卡，并在柜台开设基金账户。投资者在开户之后便可以按照销售机构规定的方式准备好投资资金，认真填写并提交申购表，购买已经选择好的基金了。

投资者需要注意的是，在某一家银行开户，则只能购买该行代销的基金产品，选择空间较小。

（2）易方达官网开户

如果投资者已经拥有易方达官网合作银行的银行卡，则可以选择进入易方达基金官网执行开户操作。投资者在进入网站后，首先完成身份信息验证、银行卡绑定，便可以实现快捷开户。开户之后，投资者便可以在易方达官网直接购买选择好的基金。

（3）证券公司开户

投资者还可以持银行卡和身份证到具有代销资格的证券公司营业厅开设基金账户，开户之后则可以在该证券公司代销的易方达基金产品中进行挑选。

针对个人投资者，基金开户的办理流程要点如下。

- 投资者需要亲自到证券公司柜台办理基金账户开户，如果要转交他人代办，那么代办人就需要提供经公证后的委托代办书、代办人的有效身份证明原件等。
- 办理人开户时须填写《证券客户风险承受能力测评问卷》。
- 办理银行三方存管时，办理人须填写《客户交易结算资金第三方存管协议》，同时需要基金账户开户本人携带本人银行借记卡去银行网点柜台确认。

机构投资者办理基金开户的流程和上述个人投资者的开户流程是相同的，不过需要额外提供以下资料。

- 工商行政管理机关颁发的有效法人营业执照（副本）或民政部门和其他主管部门颁发的注册登记书原件及复印件。
- 法定代表人证明书以及法定代表人的身份证复印件。
- 法定代表人授权委托书。
- 授权委托人身份证件及复印件。
- 填写一式两联基金账户开户申请表，并加盖公章和法定代表人签章。

6.3 四种定投方法，总有一款适合你

在很多投资者心中，定投一定要在固定时间扣款。但实际上，定投共有四种模式，投资者可以根据自身情况任意选择。

定期定额定投

定期定额定投的严格定义是投资者向指定的基金销售机构提出投资申请，并事先约定好每期的扣款日、扣款金额、扣款方式及所投资的基金名称，由该销售机构于约定的扣款日在投资者指定的银行账户内自动完成扣款及申购的一种基金投资方式。

定期定额定投是基金定投中最常见的一种方法，也是最基本、最简单的一种定投模式。因为与大家脑海中最熟知的传统定投一样，都是选定一个具体时间，每个时间周期过后固定地扣除一定的金额，所以这种方法也被称为平均法。绝大部分基金平台都可以执行定期定额定投计划，设定日期和金额，然后从账户中自动扣款。

这种方法的最大优点就是简单方便、容易上手。它只需要在每个时间周期投入相同数额的资金，简单易操作，不需要投资者有丰富的投资经验，非常适合刚接触定投的新手。另外，由于它能够自动实现"低点多买、高点少买"，这就同时可以起到摊低成本、平滑买入风险的作用。

定投新手缺乏投资经验，可以用这种最简单的方法约束自己的定投交易行为，在长期的定投过程中感受市场波动，修炼良好的交易心态，通过实践学习交易知识。因此，定期定额定投法是所有方法中最容易坚持的一种。

定期定额定投的方法对资金的要求是固定的，因此投资者更容易预期，便

于进行资金管理。但如果投资者的收入波动较大，定期定额定投就不太具备可操作性了。

另外，这种定投方式的缺点还在于货币会贬值，如果投资者的收入在增加，而投资金额一直保持不变，收益将无法实现最大化。并且随着货币的贬值，同样的金额过段时间能买到的基金份额会变少。所以从长期来看，在这种定投方式下，投资者能够买到的基金会越来越少。这种定投方法也很难针对市场情况进行调整，同时随着投入金额的增加，在投资后期容易出现钝化的情况，也就是即使每期增加的投入资金越来越多，成本降低的幅度也会越来越小。

所以，如果投资者对投资效果有更高的要求，这种定投方式就最好不要维持过长的时间，每过一两年就可以对定投的金额进行上调，或者对投资策略进行适当的调整。

定期不定额定投

定期不定额定投业务是对传统定投业务的补充。在定期定额方式下，投资者无论在指数的高位还是低位都维持相同的投资金额。但总有部分投资者想拥有更大的调整空间，希望可以在股市高位时少买一些、在低位时多买一些。为了满足这类投资者的需要，市场便推出了定期不定额的投资方式。

定期不定额定投是定投时间或周期不变，但是金额较灵活，不再是每次固定的金额，而是根据市场的情况，以特别的模型来做改变的模式。

定期定额与定期不定额最主要的差别在于，前者每次的扣款金额是固定的，而后者则是依赖于市场的波动程度，由投资者在一定的幅度范围内自行设定不同的扣款金额，在股市高位时以较少的投资金额进行扣款，而在股市低位时以较多的投资金额买入更多的单位数。

定期不定额定投有许多细分的种类，较简单的有以下两种。

（1）按收入百分比定投

投资者可以根据每月的收入按一定的比例定制金额，工资增长时投资金额也随之增长，这样就可以弥补定期定额定投的缺点。

（2）根据基金价格调整金额

投资者可在基金价格高时少买，在基金价格低时多买，这样能够摊低总体成本，上涨时可以获得更高的收益，下跌时也更安全。这种金额调整方式与收入百分比相比更常用。

定期不定额定投业务自动将定投日的前一交易日指数收盘点位和设立定期不定额定投计划时的收盘点位进行比较，根据计算结果决定是上浮还是调低投资金额，以起到"逢高减小投资力度、逢低加大投资力度"的作用。

定期定额定投每月的扣款金额都是相同的，但定期不定额定投每月的扣款金额可能会因为指数每月投资区间的变动而有所差异。

定期不定额定投每期的扣款时间不变，但每期的扣款金额将根据选择的指数和均线进行灵活调整：当证券市场指数低于该指数均线时，按投资者选择的级差自动增加每月扣款金额；反之，则自动减少每月扣款金额。即在基金净值较低时增加投资金额，获得更多份额；反之，减少投资金额，从而更好地平均长期投资成本，分散投资风险，获得更好的投资效果。

定期不定额定投的优点，一方面在于投资者买得便宜，长期收益更好；另一方面在于低估值定投能大大降低波动，投资者更容易坚持。这种方式的缺点是需要投资者学习并掌握一定的基金投资知识，存在投资门槛。但只要经过一定程度的学习和实践，最终定投的效果往往是不错的。

不定期定额定投

不定期定额定投是一种不固定具体的期限但定投固定的金额的投资方法。

这样投资者可以实现在低位时加大买入频率的效果，通过这种操作在低位积累更多的资产。它需要投资者知道市场的整体情况，这样才能更准确地判断应当如何调整投资频率。

使用这种定投方法的人较少，因为其对投资者的市场判断能力要求较高。而且，由于投资不定期，每个月定投所需要的金额也无法确定，投资者需要自己把握流动资金并控制好仓位。投资者在选择这种投资方法前，对市场及自身投资能力都必须有一定的判断。目前市场的状态如何、自己能承受的市场最低点在哪里等，这些问题都需要投资者做好清晰的判断。

因此，这种定投方法的优点非常明显，适合有能力的投资者采用，能有效提高投资效率；缺点也非常明显，对于大多数投资者来说，其可操作性不强，受人为影响太大，有很大的失败风险。

价值定投

价值定投即价值平均策略定投，是以市值为目标，要求每月的市值增加到一个固定的数值。投资者给账户的基金市值设定一个预期，每月定投时要保证基金市值达到预期，如果基金下跌而达不到预期市值，则增加投入资金以补足；如基金上涨超出预设市值，就减少投资或卖出一部分基金以降低市值。

例如，投资者预期每月的基金市值增加1 000元，第一个月投资1 000元，基金涨了100元，这样所持基金总市值为1 100元，所以第二个月只要定投900元就持有2 000元市值基金。第三个月定投时，如基金总市值跌到了1 700元，那就需要投资1 300元，这样才能保持第三个月3 000元总市值的基金持有量，以此类推。

价值平均策略的便利之处在于它有固定的交易规则，投资者只要严格执行就好，不用人为判断底部或顶部，因而人为判断失误的风险较少。价值平均策略还有一个优点，即适合积攒筹码。随着时间的增加，投资者持仓的股票资产会越来越多，这样即使碰到长期慢牛也不怕踏空。

对于价值平均策略，投资者需要注意，牛市中不断卖出的资金一定要购买流动性好的固定收益理财，以防止随时可能需要的大笔买入，而不能用于消费。

价值平均策略定投的缺点在于，如果基金短期内大跌，需准备大量资金补仓；如果基金持续上涨，卖出就会损失部分收益。

投资最大的忌讳是不能坚持一个明确的方向。无论投资者使用哪种方法、投资什么品种，只要能够安全、稳定地获得利润就是好的。定投无定法，真理也是具有条件的，任何结论的成立都需要前提条件的达成，各类投资方法也需要投资者根据实际情况适时调整，灵活运用。

6.4　不同行情的定投收益比较

在基金定投的过程中，很多投资者会被不断变化的市场行情搞得晕头转向，刚接触基金定投的新手更搞不清楚该在什么时候进行定投才是最好的选择。接下来针对不同的行情情况，为投资者略作分析。

熊市、猴市、牛市什么时候定投好

牛市与熊市是投资者经常讨论到的股票市场行情未来走向的两种不同趋势。牛市代表未来股市行情大概率看涨，前景乐观；熊市代表未来股市行情大概率看跌，前景悲观。猴市又称"震荡市"，即大盘指数上蹿下跳的市场，用"猴市"一词形容股市大幅震荡的情况。一般位于牛市与熊市之间的运作状态被称为猴市,它从大盘来看没有明确的上涨或下跌方向,市场分化比较严重,展开的波段也较多,所以用于比喻股市的大幅震荡,如图6-8所示。

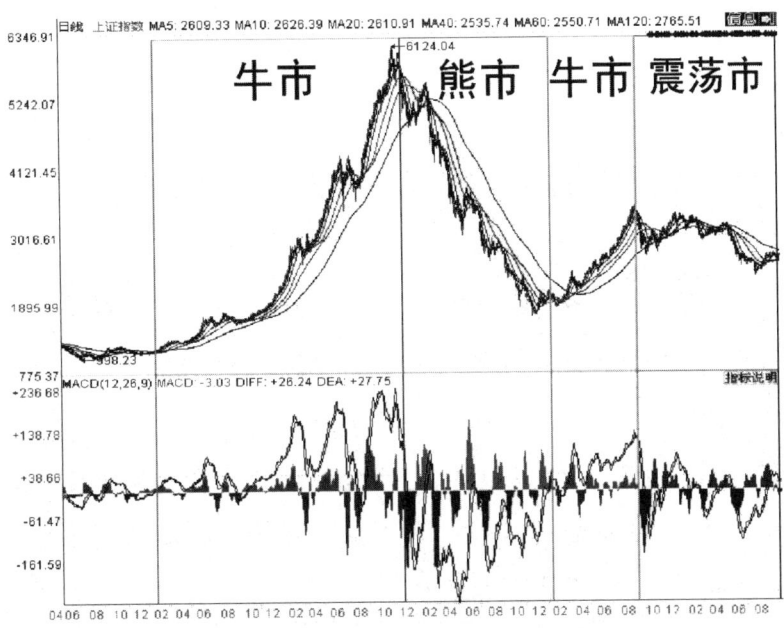

图6-8 牛市、熊市与猴市(震荡市)示意图

以A股为例,接下来看看熊市、猴市、牛市什么时候定投最好。

A股股市最大的结构特点就是牛短熊长,大部分时间都是在熊市中度过。猴市市场上蹿下跳,并未出现单边上涨和下跌。它其实就是熊市下跌过程中的反弹阶段,本质上依然属于熊市。在牛市暴涨后,A股市场就长期处于熊市状态,而且指数的整体趋势都是往下的。

虽然在长期下跌的趋势中也会存在反弹的阶段,但时间并不持久,市场上板块分化与个股分化也都较严重。大盘的走势对个股的走势影响很大。基金产品讲究分散投资,而且基金买入的股票很少做短线投资,难以出现持续性上涨的情况。

熊市就是一直下跌,在此时进行定投,确实能够以越来越低的价格买入,但同时这也意味着前期买入的成本会偏高,后面容易出现持续亏损的情况。如果投资者无法扛过熊市，最后就只能割肉卖出。所以，该阶段在大部分情况下都处于亏损的状态，不适合进行基金定投。

在猴市中，市场反复涨跌，最终仍基本停留在原地。如果投资者在这样的市场状态下进行定投，实际上和初始一次性买入并不会有太大的区别。因为无论买入的成本或高或低，总是围绕一个均值波动，最终仍会回到原点，不会有较大的亏损，但也不会有特别大的盈利。

A股长期熊市过后，必然要迎来下一波牛市。在熊转牛阶段，投资者可以考虑基金产品的定投。该阶段的市场一般不会再次出现单边下跌的情况。当指数突然在短期内出现大幅度下跌后，一定会存在资金抄底的情况，随后便会迎来指数逐渐回升。

投资者需要注意，在指数大幅度上涨或盘中当日出现大涨后，盘中会回落。如果当日不出现回落，下一个交易日就会出现走弱的情况。所以，指数很难持续性走低。

通过观察历史数据可以看到，A股以往四波牛市的震荡磨底时间周期都在两年左右。这段时期便是投资者定投的最佳时期，很难出现持续性下跌的情况，能够在最大限度内分散投资风险。

投资者也可以适当改变每次的定投额度。当基金下跌的幅度较大时，投资者可以适当提升定投金额；如果没有出现十分明显的下跌和上涨，再适当降低定投金额；在基金呈现大涨的趋势时，由于市场在磨底阶段并不会出现持续性上涨的行情，所以投资者也应当警惕，降低定投金额。

牛市期间，股市一直在上涨，不断创新高，而且经常大涨。如果投资者在这个阶段定投，看起来似乎在持续创造收益，但这也会使买入的成本越来越高。也就是说，虽然牛市一直在上涨，但实际上投资者的总投资成本也在上涨，盈利比例会不断被压缩。一旦见顶突然下跌，投资就会由盈转亏，有很大的风险。

通过以上分析可以得出结论：在牛市阶段，由于上涨时间较短、上涨幅度较大等情况，投资者不适合进行基金定投；熊市长期处于下跌趋势，也不适合进行基金定投；最适合基金定投的时间就是在熊市过后，熊转牛的过渡阶段。

因为这时市场依然在下跌，但是下跌的空间已经不会太大了。投资者不会出现太多的亏损，而在下跌过程中可以不断地摊低投资成本，进行从容布局。当熊去牛来、股市上涨时，商品就会开始脱离成本，而这时投资者的仓位已经比较重。当牛市快结束时，如果投资者卖出全部基金，就可以获得较大的收益。

在上涨过程中，投资者可以制定自己的定投计划。例如，定投收益达到15%或20%时，结束定投；或者卖掉一半，然后继续重新定投，这样在市场波动中其成本就会被不断均衡，最终收益越来越高，真正享受到定投微笑曲线的回报。

基金定投是适合大多数人的投资方式，它可以有效地平滑市场风险。综合来看，在熊市尾声，熊牛转换周期开始时定投是最好的。当然，熊市、牛市与猴市的周期在处于市场中时很难明确判断，但是投资者可以从整体跌幅来看。例如，股市从高点跌了很大幅度，跌了很长时间，下跌空间不会太大了，此时开始坚持定投就是最合适的。

基金波动越大，定投效果真的越好吗

大部分基金投资者都听过一个理论：基金定投不要投入波动小的基金，要投入波动大的基金；基金波动越大，定投效果也越好，所以在波动加大时开启定投，收益就会增加。还有一种说法：不要定投债券基金，而要投入波动大的股票基金；债券基金适合一次性投入。

那么，这种说法是否正确呢？我们通过实际测算来寻找答案。

我们通过算出基金每日的收益率，再计算它们的标准差，就可以得到波动率。波动率越高，日收益率就越分散。

接下来我们通过最简化的示例进行计算。首先看第一种状态。

在第一种状态下，如图 6-9 所示，其每日的收益率分别是 +50%、−66.67%、+100%，波动率为 69.83%。假设我们每天定投 1 元，那么总计买入基金份额为 1/1+1/1.5+1/0.5+1/1 = 4.67 份，最后的基金净值是 1 元，所以最终的总资金为 4.67 元，收益为 0.67 元。

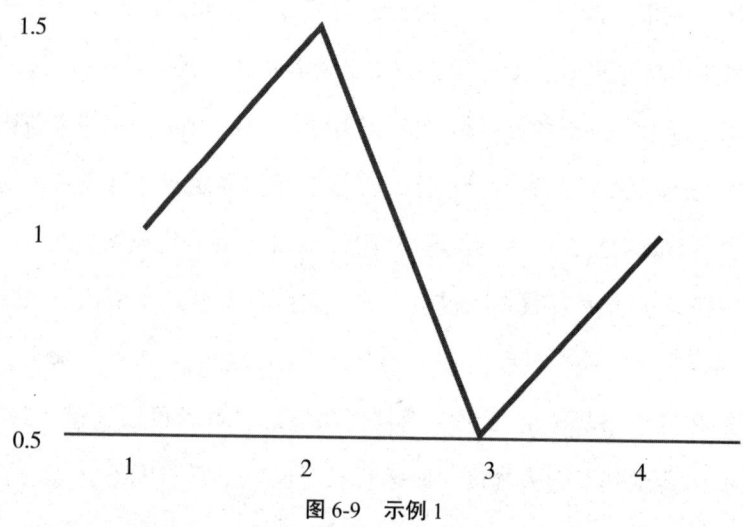

图 6-9　示例 1

接下来看第二种状态，如图 6-10 所示，我们将第二天上涨的幅度扩大，其他条件维持不变。

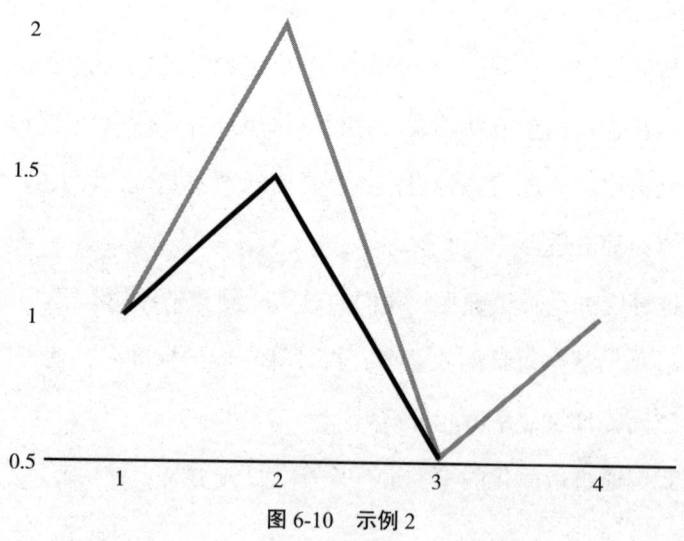

图 6-10　示例 2

在第二种状态下,其每日的收益率分别为 +100%、−75%、+100%,波动率为 82.5%。依然每天定投 1 元,总计买入基金份额为 1/1+1/2+1/0.5+1/1 = 4.5 份,最终的总资金为 4.5 元,收益为 0.5 元。

对比这两种状态可见,基金的波动增大,收益却反而减少了。这说明,"基金波动越大,定投效果就会越好"这个结论并不是绝对正确的。

我们再看第三种状态。在第一种状态的基础上,我们增加第三天下跌的幅度,其他条件不变,如图 6-11 所示。

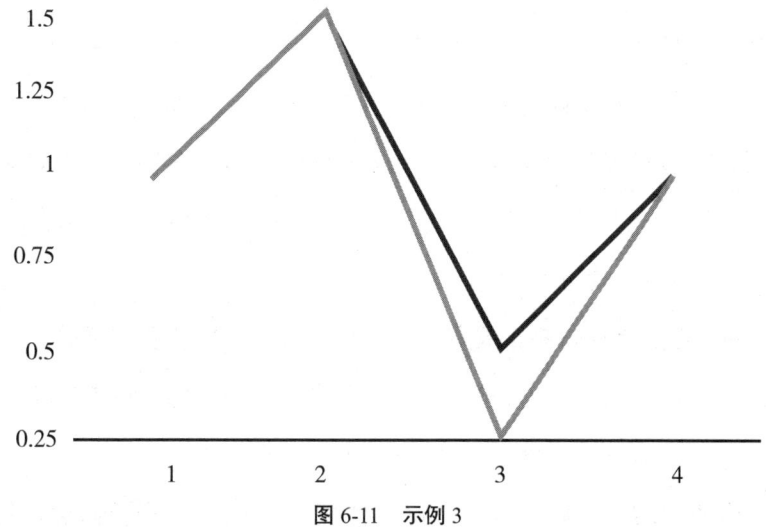

图 6-11 示例 3

在第三种状态下,其每日的收益率分别为 +50%、−83.33%、+300%,波动率为 158.89%。每天定投 1 元,总计买入基金份额 1/1+1/1.5+1/0.25+1/1=6.67 份,最终的总资金为 6.67 元,收益 2.67 元。

基于上述三种情况,我们可以猜测:当基金向下的波动大一些时,定投的效果会更好;如果只有向上波动,定投则没有太大优势;收益率涨跌的先后顺序也会对定投效果产生影响,先跌再涨的效果一般要好于先涨再跌。

为了验证这个猜测,我们继续进行假设,如图 6-12 所示。

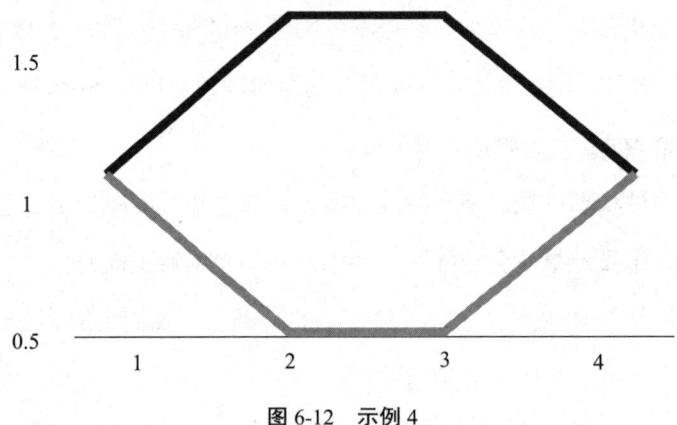

图 6-12 示例 4

对于上面的线来说,向上的波动更大,定投 4 天买入基金份额为 1/1+1/1.5+1/1.5+1/1=3.33 份,最终金额为 3.33 元,亏损了 0.67 元。而下面的线向下的波动更大,定投 4 天买入基金份额为 1/1+1/0.5+1/0.5+1/1=6 份,最终金额为 6 元,盈利为 2 元。所以,我们可以推断,在基金首尾净值相同的情况下,基金净值向下波动越大,定投收益就越高。

定投的关键点是通过制定投资纪律,给投资者提供持续投资的勇气和面对市场下跌的平稳心态。这样才能在底部积累足够多的筹码,在市场反弹中获得收益。从这个意义来看,投资者不应该刻意寻找波动率更大的阶段,单纯从投机的角度考虑定投,而更应该维持一种理性的状态,在逆流时保持自己的节奏。

所以,定投波动大的基金确实可以获得更多的收益,无论债券基金还是股票基金,投入总是与收入相匹配的。定投债券基金也是分散风险的一种有效方式。

投资没有对错之分,只有是否合适。适合自己的就是最好的投资方式。

第 7 章

基金怎样卖出不被"割韭菜"

了解基金购买前期的准备知识与流程操作后，投资者还需要从基金卖出的角度了解相关的操作规则与注意事项。

7.1 申购、赎回与修改分红方式

基金的申购、赎回与修改分红方式是基金交易过程中投资者必须掌握的基本操作，其中也有一些投资者必须了解的规则。

申购

基金的销售分为代销和直销。代销渠道一般有银行和证券公司；直销则是直接通过基金公司进行买卖，在基金公司的销售部门或官方网站进行交易行为。基金申购是指投资者在基金成立后，到选定的基金管理公司或基金代销机构开设基金账户，按照规定的程序申请购买基金份额的行为。投资者申购基金份额的数量，以申购日的基金份额资产净值为基础进行计算。

基金的申购就是买入。上市的封闭式基金，其买入方法与一般股票相同。开放式基金是以投资者想要申购的金额除以买入当日的基金净值，得到买入的份额数。

在申购的过程中，投资者需要支付申购费。申购费就是指投资者在基金存续期间向基金管理人购买基金单位时所要支付的手续费。

目前我国通行的申购费计算方法如下。

$$申购费用 = 申购金额 \times 适用的申购费率$$

$$净申购金额 = 申购金额 - 申购费用$$

我国《开放式证券投资基金试点办法》规定，开放式基金可以收取申购费，但申购费率不得超过申购金额的5%。申购费率一般在1%左右，并且很多渠道会依据申购金额的大小有很多的折扣。基金申购费率指投资者在购买基金份额时所要支付的费用比率。投资者在对不同的基金进行申购时，其申购费率可能会因为申购金额的大小不同而有所区别，我们在预算时要取最大值。

开放式基金的申购金额一般已经包括申购费用和净申购金额。我国计算申购费用一般是按申购的价款总额（含费用）乘以适用的费率，并从申购款中扣除。

因此，对一笔申购金额实际可以买到的基金单位的计算方法如下。

$$申购份数 = \frac{净申购金额}{申购当日的基金单位净值}$$

这种计算方法的主要优点是在采用"未知价法"的情况下，其计算比较简便。此外，由于其一般按申购金额的增加来递减费率，所以能够避免出现按净申购金额计算时导致买得少的投资者实际交款高于买得多的投资者的不公平现象。

这种计算方法会使按净申购金额适用的费率略高于公布的费率。如果投资者想要了解按净申购金额计算适用的费率，只需做一个简单的换算，具体计算公式如下。

$$按净申购金额适用的费率 = \frac{按申购金额适用的费率}{1 - 按申购金额适用的费率}$$

很多人经常听到另一个概念——认购。那么，申购与认购是一回事吗？二者之间又有什么区别呢？

开放式基金的认购和申购其实是在基金的两个不同阶段进行购买的说法。

如果投资者在基金募集期购买基金份额，这种行为就应被称为认购，其每单位的基金份额净值为1元人民币。

如果投资者在基金募集期结束并成立后，再根据基金销售网点规定的手续购买基金份额，这种行为则应被称为申购。此时由于基金净值已经反映了其投资组合的价值，因此其每单位基金份额的净值可能高于1元，也可能低于1元。所以，同一笔资产认购和申购同一基金所得到的基金份额数将有可能是不同的。

另外，认购和申购的费率也可能有差别。基金公司通常会根据购买金额的多少，设定不同档次的认购和申购费率；在同一购买金额下，认购费率和申购费率也可能有所不同，投资者应以办理时的具体情况为准。

投资者在申购时需要注意以下三点。

第一，已开设股票账户的投资者将不得再开设基金账户，否则会给自身的申购和交易造成不便，甚至导致出现损失。

第二，一位投资者只能开设和使用一个资金账户，并只能对应一个股票账户或基金账户。

第三，投资者在完成申购委托后不得撤单。

赎回

赎回又称为买回，主要针对的是开放式基金。它是投资者以自己的名义直接或通过代理机构向基金管理公司要求部分或全部退出基金投资，并将买回款汇至该投资者的账户内的行为。

关于基金赎回，投资者主要应了解以下三个方面的概念。

（1）先进先出，分批赎回

基金业务中存在一种"先进先出"的原则。它是指如果投资者多次购买同一只基金,在办理赎回业务时就会按照购买的时间顺序赎回,即先购买的先赎回。

基金可以分批赎回,但是有最低份额限制。

按照市场要求,非货币基金需要按照份额进行赎回。其申请赎回份额要精确到小数点后两位,且每次赎回份额不得低于1 000份,基金账户余额不得低于1 000份。如果在进行一次赎回后基金账户中的基金份额余额即将低于1 000份,则投资者应该一次性赎回。如果是因分红再投资、非交易过户、转托管、巨额赎回、基金转换等原因导致的账户余额少于1 000份的情况,则不受此限,但投资者在再次赎回时必须将剩余部分一次性全部赎回。

货币基金单次赎回的最低限额为1 000份基金份额。任何基金账户内的基金份额余额都不应低于10 000份。如果投资者在进行一次赎回后,基金账户中的基金份额余额将低于10 000份,就应该一次性赎回。

(2)"未知价"交易原则

基金的申购和赎回行为一般遵循"未知价"原则,即投资者在申购、赎回时并不能立刻获知该买卖行为最终的成交价格。申购、赎回的价格只能在交易时间结束后,以基金管理人公布的基金份额净值为基准进行计算,而该基金份额的资产净值要于第二天才公布。因此,投资者在当日交易时间买卖基金时,只知道上一日的基金份额资产净值,并不知道当日交易的确切价格。

投资市场遵循"未知价"法,是为了避免投资者根据当日的证券市场情况决定是否买卖,对其他基金持有人的利益造成不良影响。

例如,如果开放式基金根据当日公布的前一日的基金份额资产净值来申购和赎回,那么在当日证券市场价格上涨的情况下,基金份额净值也会随之增加,投资者只需要付出较少的资金就可以达到当日上涨后的净值;当证券市场下跌时,投资者赎回就可以避免当日净值下跌的损失。这样就有可能引起部分人套利的行为,使长期投资者的利益受损,同时也不利于基金的稳定操作和基金份额净值的稳定。

（3）金额申购，份额赎回

因为除了基金首次发行时认购价格确定为1元以外，开放式基金的买卖通常都是采取"未知价"法，所以投资者按照金额进行申购（申购多少钱的基金）、按照份额赎回（赎回多少份的基金）。

由于采用"未知价"交易原则，加上买卖的基础是基金单位资产净值，所以为了申购和赎回时资金来往公平方便，我国的基金交易主要采用金额申购和份额赎回的方法。

金额申购是指投资者在购买基金时要按照购买的金额而不是购买的份额提出申请。份额赎回则是指投资者在卖出基金时要按照卖出的份额而不是卖出的金额提出申请。

基金交易采用这种原则的原因是，无论申购还是赎回，都是以有效申请当天基金股市结束后净值计算的，一般申购或赎回申请都是在股市结束前，也就是每份基金净值还不能确定。所以，申购只能按金额，因为份数不确定；赎回只能按份数，因为金额不确定。

修改分红方式

基金常见的分红方式主要有以下两种。

（1）现金分红

现金分红是一般默认的分红方式，分红款项会直接进入投资者关联的银行账户中。

（2）红利再投资

在这种分红方式下，分红的钱会自动变为基金份额，使份额增长。其计算公式为"新增的份额数量 = 分红金额 / 分红日净值"。需要特别注意的是，货币基金、理财型基金不能修改分红方式,其分红方式只有红利再投资一种。

以工商银行网银为例,如图7-1所示,投资者需要找到自己持有的基金,点击分红方式,之后弹出对话框,点击确认进行修改。

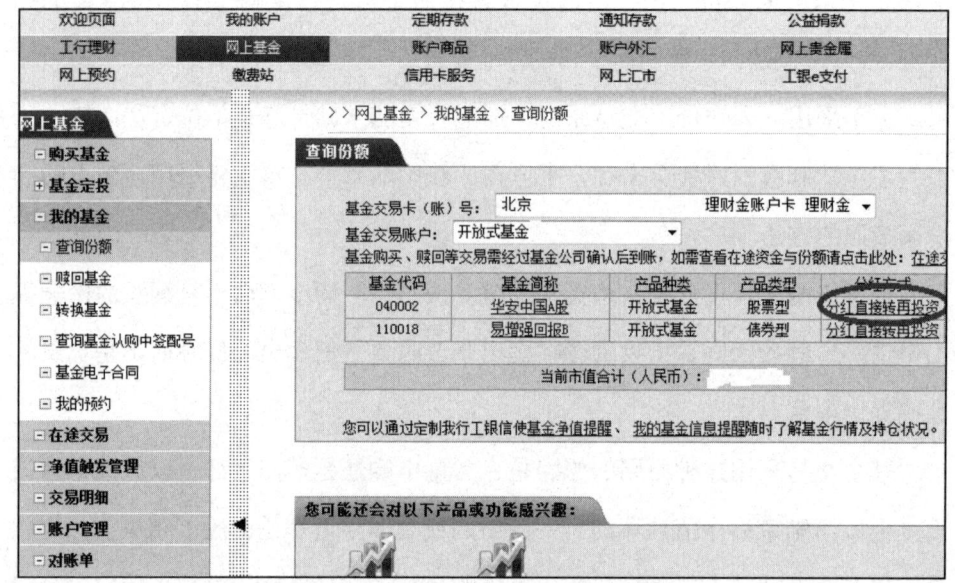

图7-1 工商银行网银修改分红方式界面

7.2 止盈不止损

在基金定投的过程中,除了面对低谷学会坚持以外,投资者还需要学会止盈。一旦达到预期盈利目标,投资者就不要犹豫,而应当果断止盈,切忌贪心。投资市场如人生,有舍才有得,学会知足才能常乐。

在买基金前,投资者都应该有明确的规划:如何选基金、如何补仓、什么时候止盈、什么时候止损,在未来的投资过程中只要严格按照计划执行即可。

投资者也要注意,只依靠一种止盈方法是有风险的,不能盲目地认为设置好止盈点后就可以高枕无忧,否则容易忽略重要的行情变化因素。接下来介绍四种常见的止盈方法。

最大回撤止盈法

最大回撤率是指在选定指数的一段周期内挑选其中的任一历史时点往后推,当净值下跌出现一个谷底时,指数最高点位与之后回落的最低点之间所得出的最大跌幅的绝对值。它通常用百分比表示。

最大回撤止盈法是指当定投的收益率超过一定的止盈率时,基金净值回撤的速率会超过回撤阈值的初始设定最大值。此时,投资者应当及时进行止盈操作,从而尽快锁定在牛市中的相关收益。需要注意的是,止盈只是对累计投资的数额和收益进行相关操作,并不会终止定投计划。

那么,投资者具体应当如何使用最大回撤止盈法呢?

一般来讲,其操作方法即在牛市开启后,当定投收益率超过止盈信号线时,投资者应每日监测基金净值(指数收盘价)的回撤;一旦回撤幅度超过了预设的最大回撤阈值,投资者就需要立即清仓,锁定牛市定投的收益。

投资者需要注意,即使最大回撤的阈值逐渐减小,收益率也不一定会逐渐提高。出现这种情况的主要原因在于市场是波动起伏的,当最大回撤阈值设立得过小时,投资者很有可能会错过当前小幅下降但后续上升迅猛的更大的牛市,从而失去获得更高收益率的机会。因此,最大回撤的设定必须有一个较合适的范围。

最大回撤止盈法主要适用于市场指数不断上涨、点位已接近历史最高点的情形。

同样,最大回撤止盈法也有其局限性。

第一,最佳的最大回撤点不易确定。如果投资者设定的阈值过小,则容易与之后更大的牛市擦肩而过;反之,投资者所要承担的风险也就更高。

第二,使用最大回撤止盈法,就意味着投资者卖出的价位一般是在最高点位之后的相对高点，收益并不是最大的。

第三，如果止盈信号线设置得过高，投资者便会错失一些小牛市的收益率。所以，止盈信号线的设置要依据个人对收益率的预期。

这种择时需要有极好的运气与判断力，能够在最高点位卖出的人少之又少。因此，能够在相对高点抛出，获得较高的收益已经十分不易，不必过于追求所谓的"最高点位"。

目标收益率止盈法

通过收益率进行止盈是适合大部分股票型基金的止盈方法。这种方法比较简单，设置一个理想的年化收益率目标，当定投的年化收益率达到目标后就开始逐步卖出。无论市场点位是多少，投资者都要严格执行操作方案。

目标收益率止盈法主要适用于对自己的目标收益、风险偏好有清楚认识的投资者。

关于目标收益率止盈法，投资者可以参考以下几个要点。

（1）目标收益率是年化收益率，而不是累计收益率

例如，投资者的目标收益率设置为15%，但连续定投3年累计收益才到达，这时就止盈，相当于每年收益率只有5%。

如果按照累计收益率进行止盈，大概率就会停滞在黎明前的黑暗中。所以，投资者需要计算年化收益率，这样才不会错过牛市。

同理，如果设定了年化15%的目标收益率，那么半年到了7.5%就应该进行止盈。这种情况大概率发生在一波迅猛的上涨中，及时止盈可以防止"坐过山车"。

（2）目标收益率建议设置在15%~20%

目标收益率设置得过低，容易频繁触发止盈。例如，投资者设置了一个5%

的止盈点，市场连续涨几天就可以达到。投资者需要注意，持有基金不满 7 天就赎回会有惩罚性的 1.5% 的赎回费，超过 7 天、不满 1 年就赎回会有 0.5% 的赎回费，超过 2 年才会停止收取赎回费。如果止盈点过低，费用损耗会非常大。

在投资过程中，止盈目标数值应该随着市场不断调整，笔者通常建议为银行类固收产品的 3~5 倍。目前银行理财最高收益率在 5% 左右。

投资肯定要和整体市场挂钩。整体市场的收益率下降，投资者就很难获得高于整体市场水平太多的收益。市场利率下降，也会导致大量机构的预期收益率降低，整体投资品种收益下滑。

（3）根据投资品种的波动率设置目标收益率

总的目标收益率有了理想的数值，在此基础上细分到不同的基金，投资者也可以差别对待，做出更精确的设置。

例如，沪深 300 指数相对稳健，波动比较小，可以设置 15% 的止盈点；一些 5G、芯片等科技基金波动比较大，可以设置 20% 的止盈点。以此类推，这样投资者便可以实现收益的最大化。

（4）目标收益率止盈的缺点

首先，在大牛市中根据目标止盈会损失一部分的收益。根据目标止盈，可能最后收益率还不如根据指数估值止盈的方法高。根据估值判断，精准度更高。

其次，每个投资者开始定投的点位不一样，最后到达目标收益的时间必然是不同的。也许有些人已经进行了止盈，而有些人才刚开始定投，投资者需要提前做好心理预期。

估值止盈法

估值止盈法是最契合定投指数基金的止盈方法，即投资者通常说的"低估买入，正常估值持有，高估卖出"。

指数基金定投的核心是价值投资，漫长的等待就是为了价值回归的那一刻，用估值解决卖出问题是最根本的方法。

估值指标是判断指数是否高估的核心工具之一。较常用的估值指标有市盈率、市净率等，不同类型的指数基金对应的估值指标也各不相同。

例如，中证 500 指数的历史最高市盈率为 91，平均最高点位在 80 附近，那么投资者就可以在市盈率为 60 时赎回 50% 的基金份额，在市盈率为 70 时赎回 25% 的基金份额，如果市盈率达到了 80，就赎回剩余全部的基金份额。如果其间任何时候市盈率回落到了 60，都应当将剩余基金份额全部赎回。

估值止盈法本身也有较多的局限性。它的核心是估值，而估值是把一个行业或一个宽基隐形的内在价值显化的做法。它的大多数参考都源于历史百分位或成熟市场，所以要严格遵照高估才卖出的准则。虽然它理论上是收益最大化的做法，但在实际执行过程中难免过于死板。

估值止盈法并不适用于所有指数，它更加适用于估值历史走势有规律、未来估值高点容易预测的指数。只有当指数的估值指标具有十分明显的周期性规律，并且牛市估值可被预测的情况下，估值止盈才能发挥它最大的效果。

另外，市盈率（PE）受价格（P）和每股盈余（EPS）影响，所以当 EPS 涨幅高于 P 时，便会出现估值整体下降的情况。因此，确定估值止盈点的难度会更高，需要综合考虑公司未来的经营状况、行业成长空间等因素。

估值止盈法是定投止盈体系里最核心的止盈方法，它的好处是包容度高。在实际运用中，投资者可以将估值止盈法与其他止盈法相结合，以追求更稳定的效果。估值止盈法的目标是收益最大化，搭配其他方法后就需要从理论上舍弃一部分利润，去追求更加稳妥的收益，以及在穿越牛熊市的过程中投资者心态的平和。

市场情绪止盈法

顾名思义，市场情绪止盈法就是按照身边大环境对股市的看法判断市场的情况，在市场情绪空前高涨时止盈清仓。它更适合作为辅助方法，要求投资者多关注市场，弥补前几种定量止盈方法的局限；它无关技术面、基本面的分析，只侧重于与人心的博弈。

曾经有一则笑话讲出了市场情绪法的操作理念："当你听到菜市场的一个大妈在跟另一个大妈推荐该入手哪只股票时，你就该清空自己的持仓了。"巴菲特也曾经说过："他人恐惧时我贪婪，他人贪婪时我恐惧。"也就是说，如果大多数人都认为股市能挣钱，并且付出了实际行动，开始跟风进行投资，这对于投资者来说就是非常明显的止盈信号了。

关于市场情绪止盈法，有一个很有趣的老和尚的故事。

有一天，庙里来了一群香客，在菩萨面前苦苦哀求，希望菩萨保佑他们脱离苦海。老和尚心善，询问缘由。香客们说，股市大跌，自己被套牢，赔了许多钱，不知如何解脱。老和尚心想，股票真是个坏东西，害了这么多人，我佛慈悲，普度众生，我快去把他们解救出来吧。

于是，老和尚拿出了庙里的香火钱，怀着"我不入地狱，谁入地狱"的慈悲心态，出世解救众生，接手了所有股票。

几年过去，香客们又来庙中烧香，每个人都情绪激动，祈求股票快涨、多涨，还有的人抱怨自己总是买不到股票。

老和尚不明白，股票怎么又变得这么受欢迎了？不过，既然大家都想要股票，那自己就卖给他们吧。于是，老和尚又来到股票市场，把股票全部卖光了。就这样，老和尚反而成了股市最大的受益者。

市场情绪止盈法看上去很简单，但存在很大的缺陷。既然判断的标准是市场情绪，那么它便无法给出明确的界限和指标，令投资者难以判断合适的具体时间。毕竟定投的指数基金已经获得不菲的浮盈收益率了，要果断止盈，实在需要强大的抵制诱惑的自制力。

那么，有没有办法把主观的情况变得相对客观一些呢？

基金的换手率、新基金发行量、股票开户数、融资余额等指标可以帮助投资者判断市场是否过热。另外，市场情绪止盈法与其他止盈策略是互不干扰的，投资者可以搭配其他硬性方法完善自己的止盈策略。

每一种止盈方法都有它的最佳适用背景，投资者不应盲目使用。市场情绪止盈法是理性与非理性的斗争，只有通过不断的学习，投资者才能在非理性的市场中做出理性的决策。

最后，投资者不必过分要求自己卖在最高点，基金定投不是能够一夜暴富的投资方法。投资者只有不断坚持并懂得如何止盈，才能成为真正的赢家。

7.3 止盈后盈利再投

在进行止盈行为后，投资仍未结束，投资者可以将止盈后的资金继续投入新一轮的市场中。那么，具体应当如何操作呢？

如何处理止盈赎回的金额

很多人在开始基金定投前，都给自己定了理财小目标。然而，在完成初始的小目标之后，投资者的投资之路依然可以继续向前。那么，此时应该如何制定赎回之后的投资策略呢？一般来讲，有以下三种处理方式。

（1）以原有方式继续定投

投资者可以将赎回金额作为本金，以原有方式继续定投。它的好处在于投资者的手中能依然掌握充足而稳定的可支配现金，所以在面对下一轮定投时会更加淡定，可以安心地等待下一波牛市的到来。

该做法的缺点也显而易见，将上一轮定投赎回金额继续按照原计划定投，由于单次定投金额小，所以全部投放完成的时间会很长。按照我国股票市场 3~5 年一个牛市周期的规律，这样即使在最高点止盈也难以获得较大的收益。所以，对于想要尽可能多地积累财富的人来说，缩短定投周期、加大每次的投入是很有必要的。

（2）对原来指数加倍定投

在原始定投金额不变的基础上，投资者可以将赎回金额均摊加投。

在下一次牛市到来之前，投资者的累积收入同样可以继续用于定投，收益也会比继续原定投计划的结果更加可观。之后投资者再将止盈的赎回金额继续滚入下一轮定投，这样周而复始、积少成多，滚雪球的效果将会越来越明显。

（3）增投另一只指数

投资者也可以挑选另一只指数，以组合的方式继续定投。

定投组合可以化解一定的风险，同时得到稳定的收益。同样，止盈后增加另一只指数形成组合继续定投，也可以达到类似的效果。

复投遇上"倒 V 曲线"的概率

有些人在复投时经常担心，止盈后再继续定投，会不会买在高位、当了"接盘侠"？

这要分两种情况讨论。

一般首次开始定投后，如果市场震荡向上，投资者就应当注意结合市场点位和市盈率等因素综合判断。例如，当市场处于高位且估值较高时，如果获得了收益，就应当及时止盈，以避免市场反转向下，出现"倒 V 曲线"，将已有的收益转为亏损。因为此时随着市场不断走高，投资者的成本也是不断抬升的。而且，在牛市停留的时间越长，成本越会高位钝化，以后即使市场下跌，对拉低成本的作用也不大。

在牛短熊长的 A 股出现大级别"倒 V 曲线"的概率较小。

如果投资者已经定投了一段时间，此时赶上一波牛市，达到了自己的止盈点，那么专业投资者可以观察市场，再多持有一点时间，或者采取分批赎回，尽可能享受牛市收益；非专业投资者也不用顾虑过多，达到止盈点即全部赎回、落袋为安，然后再开启新一轮定投。

那么，止盈后的新一轮定投有没有可能碰上"倒 V 曲线"呢？

既然投资者达到止盈点，此时市场已经是一个相对的高位。根据历史经验，大牛市最长为 1~1.5 年，也就是说即使后面还有上涨行情，投资者也只有 6~8 个月定投在比较高的位置。

随着牛市过后的快速下跌，投资者仍可以获取更多廉价筹码。之后经过至少 2 年的定投周期，投资者的平均成本依然不会太高。这也正是定投不需择时的魅力所在。接下来，投资者需要做的就是等待下一个大级别反弹，甚至下一波牛市的到来。

总体来看，定投到达目标后，投资者一定要及时止盈，然后开启下一个定投周期。这样才能兑现前面的收益，同时消除在股市高位筹码过多的巨大潜在风险。这在牛短熊长的 A 股市场十分必要。投资者开启新一轮的定投后就不用再惧怕牛市转熊市了，下跌反而有利于搜集廉价筹码，投资者只要耐心等待下一个微笑曲线的右端上升就好。这样就避免了择时的烦恼，投资者只需要确定盈利是否够赎回出场的标准即可。

第 8 章

选好定投策略,成功穿越牛熊市

基金定投是所有投资方式中较简单也最好上手的一种，但是投资者在定投策略上依然有很大的学习空间与能力发挥空间。优秀的定投策略可以帮助投资者获取更大的收益，以平稳的心态穿越牛熊市，获得高盈利。

8.1　三大定投策略

每个投资者根据自身不同的投资偏好，都会有自己不同的定投策略。对于新手来说，以下三个最常见的定投策略可供参考。

低估定投策略

低估定投策略的核心就是紧跟市场形势，在低估区域低位多投、高位少投。这样可以把资金投入相对估值更低的基金上，从而更有利于未来的增值。操作方法就是在指数基金估值较低时增加投资额，反之则减少投资额。此时一般将市盈率作为判断估值的重要指标。

本方法可以让投资者及时得知市场估值状况。我国证券市场的走势与市盈率的高低密切相关。市盈率能比较全面地反映市场的综合状况，是一个衡量市场高估或低估的良好的基本面指标。因此，采用市盈率作为判断市场估值高低的标准，侧重于基本面分析，做出的判断会更全面、更贴近市场的实际。

其优点是在价值低估时买入基金会相对安全，在估值回升时也能获得更高的收益率；缺点是单凭估值高低买卖基金会有局限性，同时投资者也需要多做功课，研究基金的指标、行业前景等。

投资者对待低估的基金不能心急，要做好定投 2~3 年的心理准备。如果在低估值区域定投 3 年以上，收益大概率会较可观。

均线定投策略

均线定投策略在市场上被广泛应用。该策略即投资者在投资中以均线为基准进行判断：当指数低于均线时，可以加大定投金额；当指数高于均线时，要相应地减少当期的定投金额；同时在此基础上考虑均线偏离度，离均线下方越远，则投资金额可以越大。

那么，什么是均线呢？

均线就是用统计分析的方法，将一定时期内的股票价格或指数点位加以平均，并把不同时间的平均值连接起来形成的一根线。它是可以用于观察个股和指数趋势的一项技术指标。

一般来说，常用的均线指标有 5 天、10 天、30 天、60 天、120 天和 250 天等几种。

投资者在实际投资中应如何使用均线定投策略呢？采用均线法定投的具体步骤如下。

第一步，确定要定投的基金。

第二步，选取一个和定投基金风格相契合的参考指数。

大盘价值型基金中沪深 300 指数的优势明显，小盘成长风格基金则可选择创业板指数。投资者可以具体观察该基金的业绩比较基准是沪深 300 指数、上证指数、创业板指数、中证 100 指数还是上证 50 指数。

第三步，设置参考均线。

均线可以设置成 180 日、250 日或 500 日指标。因为定投是着眼于长期发展的，所以尽量不要选择太短的指标。

第四步，执行扣款定投。

投资者可在定投扣款日的前一交易日，比较基准指数和长期均线。在均线上不投资，在均线下再进行投资。

投资者可以通过均线和指数的比值，即"（指数－均线）/指数"，判断当前市场处于什么状态。当比值为负时，也就是基准指数低于均线，说明它处于低估状态。此时，投资者可以相应地增加定投金额，实现低吸的目的，以更便宜的价格买入筹码。

当比值为正时，也就是基准指数高于均线，此时市场趋势开始向上转变。随着市场热度的不断增加，指数会越来越高。在比值上升的过程中，投资者要不断地减少定投金额，当比值达到一定数值时就可以考虑及时止盈。

均线定投法有一定的技术知识门槛，对投资者的要求较高。而且，相比普通定投，均线定投的过程要复杂得多，很多情况都需要投资者自己把握，所以耗费的时间和精力也更多。

均线定投法更适合波动较大的震荡行情，这样才能实现在未来行情翻转时取得较好的收益。如果背离的行情一直没有得到翻转，那么均线定投策略的效果会存在比普通定投效果更差的可能。

网格交易策略

网格交易策略属于量化交易的一种，其核心理念是高抛低吸，其成功条件是震荡市场。在此策略下，投资者设定价值中枢，利用"档位"模式对投资标的进行机械式操作，下跌时分档买入，上涨时分档卖出。

网格交易策略很少依赖人为自主思考结果，仅根据行情的波动状态在网格区间内低买高卖，可以合理控制仓位、避免追涨杀跌，因此拥有较强的抗风险能力。

如图8-1所示，竖列有8个格子，代表股价涨跌幅度，假设一格为10%；横行有5个格子，代表时间。

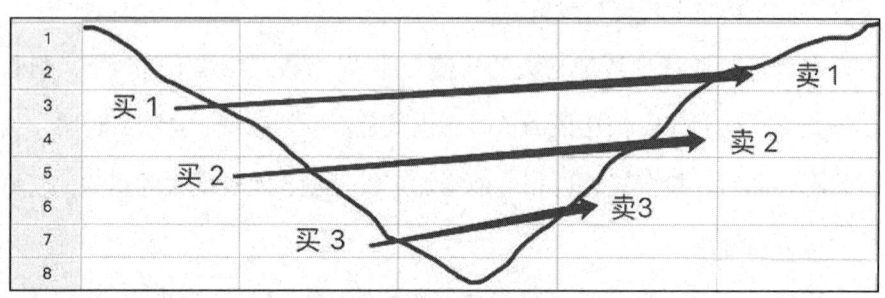

图8-1 网格交易策略

按照网格交易策略，投资者的交易是这样的。

在一只股票准备入手的价位，第一次跌幅10%时买入该股票（买1），在股价相对于买1的价位涨幅10%时卖出获利（卖1）。

在一只股票相对于买1的价位再跌10%时买入该股票（买2），在股价相对于买2的价位涨幅10%时卖出获利（卖2）。

在一只股票相对于买2的价位再跌10%时买入该股票（买3），在股价相对于买3的价位涨幅10%时卖出获利（卖3）。

网格交易策略是一种永不预测涨跌的交易方法。一般情况下，如果严格按照网格交易法交易，几乎不存在亏损卖出股票的可能。

网格交易策略主要存在以下四个方面的问题。

（1）跌破最低价，会出现亏损

这个方法在底部震荡区域的安全度更高。市场无法预测，往往会出现投资者意想不到的情况，如果不幸跌破最低价，只能咬牙抗住。一旦发生这种情况，投资者可以把闲置资金抽调过来继续定投，等反弹后将其收益卖出，继续网格操作。

（2）突破最高价后空仓，此时牛市行情开始的话收益则不高

应对这种情况，投资者只能选择在低位多买入并长期持有，留有底仓不卖出。除非市场牛市来临，涨幅疯狂到投资者认为收益高得离谱时才可以卖出，再用小额资金定投的方法重新积累原始资金作为底仓。

（3）资金使用效率不高

如果市场迟迟不进入投资者设置的档位，则一年过去资金的利用率可能只有20%~30%。网格交易策略本来就是逐步买入，分散风险的操作方式。如果想提高资金利用率，只能单笔大额买入。但当价格下跌时，投资者将可能出现没有资金进行操作的状况。

（4）不适合上班族

上班族的时间较珍贵，他们难以分配精力进行频繁的交易，更适合选择传统定投或分批买入的策略。

在选择网格交易品种时，投资者可以重点注意以下五个要点。

（1）对近期市场的判断是震荡市场

网格交易法最适合的市场环境就是震荡市场。单边上涨，容易网格卖光；单边下跌，则容易网格击穿。

（2）不适宜选择个股

大部分个股都不适合做网格交易，因为个股的随机性强，行业周期爆发、政策利好、公司业绩增长等都是难以预测的数据，较容易出现"黑天鹅"风险。因此，笔者建议选择指数基金以分散风险。

（3）选择有低估值为底部的品种

选择低估值有安全边际的产品，可以防止投资标的不断下跌，跌穿网格，无资金补仓。

（4）波动率过小的品种不适合网格

网格的收益率主要取决于品种的波动率。波动越强，触及买入卖出线的可能就越大，卖出次数越多，所兑现的利润也就越多。

（5）选择策略底仓＋网格

这样可以防止投资者踏空。因为有底仓，所以即使投资者对市场环境判断错误，也能够享受牛市的收益；如果市场判断正确，剩下用于做网格交易的资金也能够降低成本，帮助投资者长期持有。

8.2 定投中常见的问题

在基金定投交易的过程中，投资者经常会遇到一些令人苦恼的问题。接下来针对一些常见的问题进行分析。

基金定投亏损了怎么办

投资有风险，如果长期投资下去，很难做到一直不踩雷。既然从长远来看无法避免，那么投资者就应该提前准备好应对方案（也称应急预案），即出现事故时应该采取的措施。在现实的投资理财中，每位投资者都应该有自己的投资应急预案。

（1）提防被二次伤害

出了事故不可怕，可怕的是再发生一些伴生性事故。例如，有些投资者在亏损后会听从基金经理的建议继续买入更多基金，希望新买入的基金可以让自己获利，以弥补自己的亏损。但是，如果新买入的基金也没有升值潜力，甚至大幅度贬值，那么投资者便会经历二次伤害，遭受更大亏损。

所以，当发现投资大额亏损时，投资者一定要保持理性，不能盲目地听从基金经理的建议进行再次投资，而要谨慎分析再次投资是可以为自己带来收益，还是让自己遭受更大的亏损。

（2）及时止损

巴菲特在预估投资风险与挫折方面堪称表率。考虑到股票投资的高风险，他常常做最坏的打算："我从来都不会期望通过股市买卖股票赚钱。当我买入股票的时候会假设股市第二天即将关闭，甚至在5年内股市都不会重新开始。"

在投资理财时，各种因素都具有不确定性。例如，股票是上涨还是下跌不确定，上涨或下跌的幅度也不确定，上涨或下跌的时间更不确定，其他投资产品也比较类似。

投资者的最终目的都是获利，但在每年年终盘点时盈利的投资者却并不多。因此，投资者需要常常自我反省。开始投资前，投资者首先应该考虑的不是能够赚多少钱，而是最坏的情况，即是否可以保证成本。投资者要明确自己能够承担的最高亏损比例、最大金额是多少。

不是任何人都能够承担投资失败的风险。投资者必须具备一定的风险控制能力与手段，并且可以考虑这样一个问题：当市场状况不好，导致自己出现一定比例的亏损时，能否做到立即止损、全身而退？

美国次级按揭贷款危机爆发，影响了全球的金融市场。在这个事件中，次级按揭借款人是最大受害者。此次危机的起源是美国众多次级信用者（即收入不高或工作不稳定的人）被美国按揭贷款中介机构的宣传冲昏了头脑，没有考虑清楚就购买了他们根本负担不起的房子，并背上了高额的按揭贷款。

按揭贷款中介机构经常使用的一个非常有趣的谎言就是房地产价格会越来越高，如果不买，将来必定会后悔。如果放眼于未来10年、20年，这种说法确实非常有道理，因为随着时间的推移，物价必定上涨。但是，这并不表示人们就应该立刻买房，收入不高的人群更应该慎重考虑。

按揭贷款中介商为了自己获利，不仅会诱导那些没有负担能力的人买高价房，还会在征信时造假，完全不查实客户的年收入与支出情况。更让人气愤的是，他们还在贷款的利息条件上做手脚，引诱大家向他们借款。例如，30万美元的房贷，他们会说可以借27万~30万美元，而前3年的利息非常优惠，只有3%。

许多人经过计算发现，如果借30万美元，每年只需交9 000美元的利息，而借15万美元的正常利息为9 750美元（正常30年贷款利息约6.5%），两者相比，当然是借30万美元更优惠。再加上可以通过转卖房子大赚一笔的引诱，于是很多人都选择了贷款买房。

然而，他们没有看到的是贷款30万美元，第四年的贷款利息将会升至7%以上。此时，贷款人不仅要开始偿还本金，还要负担起每年2.1万美元的利息。

这个案例说明，凡事不要只看片面，要从全局考虑，做出财务规划。最重要的是，投资者要考虑清楚最坏的情况并及时止损。

如果投资者为自己设置了止损点，就相当于为自己的投资装上了一根保险丝。如果持续亏损，对于有止损点的投资者来说，只是烧坏了一根保险丝，不会造成重大损失。

很多投资者不及时止损，往往对市场抱有幻想。例如，有时候股价明明出现了上涨乏力的状态和卖出信息，但是这些投资者依然沉浸在幻想中，即使股价出现了下跌趋势，他们也会为自己的股票找种种借口和理由逃避真实的盘口信号，最终导致被套牢。现实的股票市场是真实而残酷的，如果投资者总是抱着不切实际的幻想，最终只会让自己深陷泥沼而无法自拔。

最后，投资理财是一件需要长期坚持的事情，而投资本身就与风险相关。在投资过程中，投资者可能会遇到很多不如意的地方，这时应当多思考、多学习，不断对原有理财规划风险控制体系进行修正，打造一个健康的财务体系。

为什么我坚持不到牛市

错失恐惧症也称"局外人困境",这个概念最早由作家安妮·斯塔梅尔在美国《商业周刊》上发表的一篇文章中使用,特指总在担心失去或错过什么的患得患失的焦虑心情。在毫秒必争的投资交易市场,错失恐惧症几乎成了所有投资者的通病,它暗中影响着各个层次投资者的决策,动摇着投资者的理性思维。

绝大多数投资者的资产都是在频繁的交易中被损耗掉的。因为这些投资者害怕踏空,害怕错过每一个似是而非的机会。投资者选择的机会越多,出现失误的概率也就越大。只有保持耐心,理性分析每一次变化,等待正确的时机,才可以最大限度地增加交易成功的可能性。

造成错失恐惧症的常见原因有对交易缺乏耐心、对投资没有长期规划、对收益期望过高、对自身理财能力缺乏自信或过度自信等。

如何才能克服错失恐惧症呢?这里有一些简单的技巧和观点,可以帮助投资者更好地摆脱它。

(1)要有过滤器和规则

投资者首先需要有属于自己的完善的交易系统,这个系统可以提供一个特定的入场、离场、停止、目标设立、交易管理和风险控制的规则。明确的规则将确保投资者在交易中有一定的结构性和一致性,规范投资者的交易行为。

(2)不在K线运行中下决策

投资者需要遵循这个简单的原则:只在一条K线运行结束时进行入场和离场的决策。在K线运行到中间段时,投资者很容易被情绪驱动做出决策,这个简单而有效的过滤规则能够极大地优化投资者的交易状态。

(3)了解自身的系统和时间框架

了解自己的交易系统和时间框架是非常重要的。自己预期每天或每周交易多少次？自己在没有明显交易信号并正常等待的时间或持仓时间是多少？投资者回测自己的交易日志，寻找这些数据，能够帮助自己冷静下来，对交易行为有更合理的约束。

（4）培养交易的自律和自尊

最后，也是投资者每个人都必须做到的事情，就是增强自己的自律能力，建立对自己的自信与自尊。这能非常有效地帮助投资者在交易过程中维持良好、平稳的心态，获得成功。

市场下跌时应如何加仓

大部分人都知道，在定投基金市场，行情越下跌，投资者越应该加仓。因为这样就可以用同样的筹码吸纳更多的份额，从而摊低整个投资期限内的平均成本。但是，加仓也有技巧在其中。

投资者首先应了解判断是否要为一只基金加仓的前提条件。

- 投资者选择定投的基金没有长期性的发展问题，其业绩不会长期表现很差或几乎没有起伏。
- 投资者在开始做定投前就已经考虑了加仓的可能，并且对资金做好了充分的计划。

除此之外，还有一种金字塔投资法。

金字塔投资法分为两部分：金字塔买入法和倒金字塔卖出法，如图8-2所示。金字塔买入法的结构为正金字塔型，是指投资者应在低价位时买入较大的数额，在价位上升时逐渐减少买入数额，从而降低投资风险。倒金字塔卖出法是指随着价位的上升，卖出数量应逐渐增多，以赚取更多的差价收益。

在基金定投中，投资者可以以金字塔投资法为基础，进行以下两种具体的加仓操作。

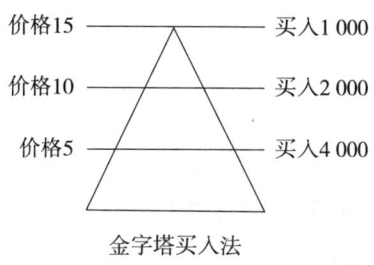

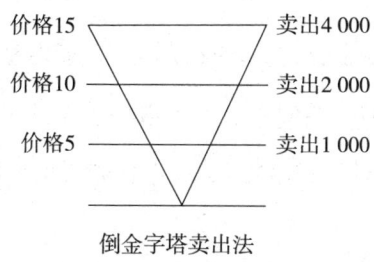

图 8-2　金字塔投资法

（1）定比例加仓

投资者可以根据市场行情预测未来可能出现的总跌幅，然后确定好准备加仓的次数，进行平均计算，这样就能得到每次大概需要加仓的数值。

例如，投资者预计自己定投的基金未来会下跌 25%，并且准备加仓 5 次。那么，当基金下跌 5% 时，自己就可以进行第一次加仓；下跌 10% 时，则可以进行第二次加仓，以此类推。

（2）技术指标加仓

普通投资者可以充分利用反映超买超卖的技术指标，以决定如何运用金字塔法。例如 RSI 指标，数值为 20 时被视为超卖，而很多股票在跌到 30 或 40 时就已反弹。这时便可以利用金字塔加仓法，在 RSI 为 40 时少量加仓，在 RSI 为 30 时较多地加仓，最后为 20 时加仓最多。

此外，投资者还可以使用分批买入法进行加仓操作。

分批买入法是指在市场下跌时，投资者可以根据下跌的具体幅度确定每次需要补仓的比例。例如，投资者可按照分批的第一次买入时间在每年的第一天买入30%，之后下跌15%时加仓30%，再下跌15%时加仓40%。具体实践时，投资者可根据市场环境设置不同的数值。

场内基金和场外基金哪个更划算

"场"通常指证券交易所。简单地说，场外基金交易就是从一手市场进行基金交易，即直接通过基金公司完成交易操作。场内基金交易则是绝大多数情况通过其他投资者进行的，类似于从二手市场买卖基金。这个过程需要在证券交易所进行，所以又叫作场内基金交易。二者的关系具体如图8-3所示。

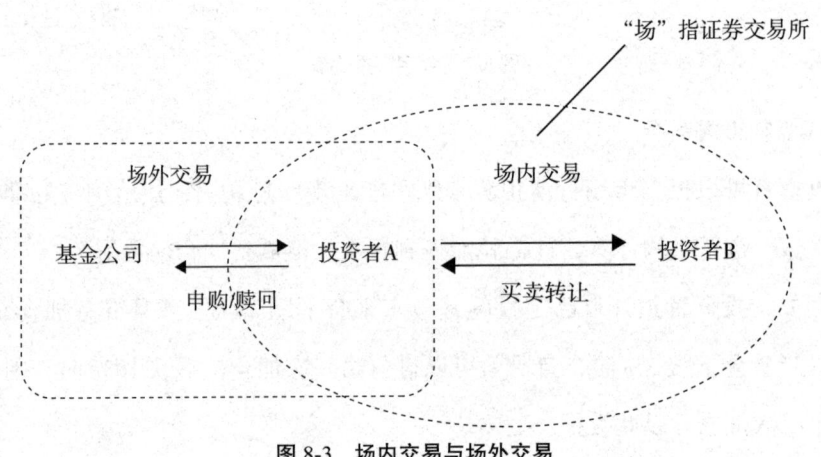

图8-3 场内交易与场外交易

理解了场外基金交易和场内基金交易后，投资者需要从交易机制、买卖价格、购买途径、交易费用、可购买基金的范围和投资门槛六个方面观察它们的区别。

（1）交易机制

场外交易：需要通过基金公司完成购买，第三方平台上的基金产品背后也是基金公司。

场内交易：在证券交易所于其他投资者处直接购买基金份额。

（2）买卖价格

场外交易：取决于交易日结束后计算出的基金净值。例如，1份基金的价格是1元，买100元的基金就是买100份。

场内交易：以基金本身的价值为基础，受买卖双方的需求影响。有的基金场内交易火爆，成交价可能会比净值高，即发生溢价；反之，则可能会比净值低，即发生折价。具体价格要以成交价格为准。

（3）购买途径

场外交易：购买途径为基金公司、银行、第三方基金代销平台，如支付宝等。

场内交易：购买途径为证券交易所，也就是通过证券账户进行操作。

（4）交易费用

场外交易：一般混合型基金、股票型基金的费率会比较高，通常在1.2%~1.5%，有些平台会有打折活动。

场内交易：主要与券商的交易佣金相关，不同券商的佣金可能不同，目前一般在万分之三左右。

虽然二者的费用有差别，但如果资金量不大，其实最终的差距并不会太大。

（5）可购买基金的范围

场外交易：市面上的绝大多数基金均可以购买。

场内交易：只能购买特定种类的基金。

（6）投资门槛

场外交易：门槛低，一般10~1 000元都可以投资，有的甚至还可以1元起投。

场内交易：每笔交易最少100份。由于不同基金的价格不同，如果这只基金每份10元，则最少需要使用1 000元。

在不同的情况下，投资者对场内交易和场外交易的优劣势所持有的看法会不同，选择时可以主要参考以下三点。

（1）看交易成本

场内的交易费用要低于场外的交易费用，可以节约一部分成本。但是，如果交易金额小，那么绝对差别就会不大。

（2）看操作难易程度

场内是实时波动的，如果投资者想控制自己的买卖价格，就需要实时盯盘。场外投资者选择好自己买入卖出的交易日即可，精力消耗较少。而且，场外部分平台支持设置自动定投，在定投日自动扣款，较简便快捷。

（3）看投资者的投资偏好

如果投资者的投资能力强，比较看重买入卖出的价格，想要获取更高的收益，那么场内交易是不错的选择。大多数只想跟着基金本身增值获利的投资者则更加适合场外投资。

所以，参考以上几点，找到适合自己的渠道才是正解。

看点数买基金可靠吗

我们可以简单地将点数理解为指数包括成分股时的平均价格。

一般来讲，每个指数都会有一个起始点数。例如，上证综指和恒生指数都是从100点开始的。指数公司会统计指数起始的那一天股市上所有股票的总股价，并通常将其设置为100点，也有的将其设置为1 000点。

之后，如果整个股市上涨了1%，则指数的点数也会上涨1%；整个股市下跌了1%，指数的点数也会下跌1%。例如，恒生指数从20世纪60年代的100点开始，已经涨到了如今的20 000点，上涨了200倍；上证综指从1991年的100点开始，也已经涨到了如今的3 000点，上涨了30倍。

那么，为什么指数的点数会长期上涨呢？

$$点数 = 指数市盈率 \times 指数盈利$$

既然点数可以看作指数对应股票的股价，那么我们便可以将其做如下分解。

$$股价 = \frac{股价}{盈利} \times 盈利 = 市盈率 \times 盈利$$

我们知道，市盈率是投资中最常使用的一个估值指标。只要公司盈利正常，我们就可以计算它的市盈率。指数中囊括了各行各业的股票，所以从整体上看它也会有一个总盈利数值。投资者用指数的总股价除以总盈利，就能得到它的市盈率。有时即使市盈率下降，点数依然会上涨，这是由于盈利存在长期上涨趋势。

点数可以作为购买基金的一个重要参考指标，但长期来看，投资者还是把目光主要放在指数估值上会更加稳妥一些。

第 9 章

组合定投收益更好、胜算更高

笔者一直强调，投资者在投资过程中要进行投资方式的组合。针对基金定投也是一样，投资者必须对所投资的基金进行较符合自身情况的组合搭配。

9.1 为什么要组合定投

投资者要明确自己构建基金定投组合的目的是什么，以及为什么要构建基金定投组合。如果投资者想做好投资组合，除了要学会分散风险，还要尽可能地提高收益率。

投资的不确定性极大

定投的基金一般都是股票基金。股市变幻莫测，某个基金的业绩好只能代表过去，不意味着今后也能有好业绩。买基金不是投资者头脑发热、随心情进行的行为，而是一个需要投资者长期关注和研究的投资行为，要跟着行情变化随时进行调整。放任不管是资产配置的大忌，而大多数投资者的投资决策与管理能力都是相对缺乏的，很少会主动进行调仓操作。

在基金组合的运作过程中，专业投资人员会紧密跟踪市场情况，并及时动态地调整组合配置结构，不断优化投资组合的风险收益比，以帮助投资者追求收益最大化。

构建基金组合定投，可以帮助投资者实现"1+1>2"的效果。它不仅能够平滑曲线，降低波动，而且能够让收益更稳健。从投资者的心理层面来说，组合定投也更容易坚持下去。

用组合摊薄投资风险

"不要把所有鸡蛋都放在一个篮子里"，大多数投资者都应该听过这句话。它警示投资者不要把所有钱都投入一个产品中，这样不利于对资金的利用和风险控制。将资金分散投资于具有不同风险收益特征的品种之上，可以最大限度降低投资风险。定投也是如此，构建基金定投组合可以规避定投单一产品的潜在风险。投资者需要平衡好各类资产配置，将股票基金、债券基金、货币基金等进行合理搭配，分散投资，降低风险。

当经济大环境状况不好时，股市行情也处于震荡状态，个股普遍呈下跌趋势，这时偏股型基金很难有较好的发展。而如果投资组合中配置有固收类基金，就可以产生对冲效果，抵御系统性风险带来的损失。

固收类基金由债券基金和货币基金组成。根据相关规定，债券基金的资产投资于债市占比不得低于80%。虽然其中也有部分资金投资于股市，但占比较低，对整个基金的影响不会太大。因此，与偏股型基金相比，债券基金的风险就显得较低。这也是投资者要对不同风险系数的产品进行组合的原因。

如果投资者仅仅偏爱某单只基金，在市场行情转换的过程中则很容易不能及时做出调整，最终导致重大损失。

人们在投资自己认为好的产品时，通常会比较不同的产品以使投资多样化，降低风险。这个原则同样适用于基金投资。有些基金组合可以通过投资不同风格及行业的基金分散风险，并通过合理的资产配比力争获取超额收益。

降低回撤比例，减轻投资压力

A股市场的特点是波动大、周期性不明显、牛短熊长，所以大部分投资者很难在其中盈利。据统计，散户投资者的回报情况大约为"七亏二平一盈"。观测历史行情，我们可以看到股市的波澜起伏，其历史最大回撤值达到了 –71.76%。散户投资者往往追在高点，亏钱在所难免。

投资者利用股债平衡的原理，在指数高估时增加债券基金的配置比例，就可以进一步降低回撤比。投资者通过此类基金组合的方式投资，可以有效降低整体资产的波动性，从而实现降低本金回撤的目的。在实际投资的过程中，它也能有效降低投资者的心理压力，更有利于长期投资的稳定进行。

9.2 如何进行组合定投

组合定投并非盲目地将多种产品拼凑在一起，它依旧有许多需要注意的原则与方法。

选择成长性好的基金产品

我们都明白要优先选择成长性好的公司进行投资，此类公司的股价有可能短短几年就翻几倍甚至几十倍。我们可以参考前文介绍过的行业指数基金选择策略。

A股市场的行业轮动较快，投资行业指数需要投资者具有一定的判断能力，因此更适合基金投资方面的老手。相比之下，沪深300指数、中证500指数这样的宽基指数更亲民，任凭板块如何轮动都有涨起来的机会。

此外，在挑选主动管理型基金时，投资者应尽量选择长期历史业绩优秀的基金。主动管理型基金的业绩主要取决于其基金经理和基金投研团队的实力，投资者应当在充分了解基金背景情况后再买入。

笔者一般建议普通投资者选择宽基指数构建定投组合，如大盘蓝筹指数+中小盘指数；当投资者对主动型基金有一定的了解后，可再考虑加入2~3只能获得超额收益的产品增强投资回报。

观察不同基金的相关性

投资组合内不同资产类别的相关性越低，其整体风险就会越分散，定投的效果也就会越好。

笔者对市场上的各类资产进行筛选，通过对近10年的数据做相关性分析发现，A股和债券为负相关（相关系数为–0.0811），A股和美股、美股和港股的相关性也都极低，如图9-1所示。

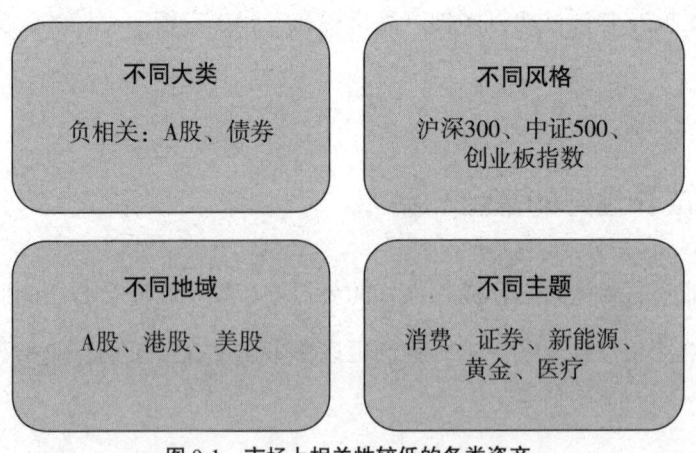

图9-1　市场上相关性较低的各类资产

因此，投资者可以结合这个判断结果，通过构建低相关性的投资组合来对冲风险。这样既能保障收益，又能提高安全性。

"核心＋卫星"搭配

核心资产关键突出稳妥的特征。那么，具体到基金个体上，投资者如何才能抓住这个特性对基金做出判断呢？

（1）从基金持仓范围看

投资者可以通过比较基金的持仓范围，判断什么样的基金相对稳妥。

一般来讲，一只基金持仓行业相对越广，持仓股票越多，那么该基金的走势则会相对越稳，投资者可以将其作为核心资产来考虑。

（2）从行业板块看

通过对历史数据进行分析对比可以发现，从现有的行业状况看，消费、医药、金融行业的走势相比其他行业板块更稳。尤其是消费和医药行业板块，历年来的增长表现都相当出类拔萃。

所以，从行业板块看，消费、医药板块可以被投资者作为核心资产进行配置。

（3）从同类股票个体看

同一行业中的不同基金因其持仓股票不同，差异也会比较大。一般在同一行业的股票中，龙头股和蓝筹股的涨幅普遍较大，且跌幅普遍较小。所以，持仓蓝筹股和龙头股的基金相对也会较稳健，蓝筹类基金、龙头类基金都比较适合作为核心资产来配置。

经过上述分析可以得出结论，适合作为核心资产配置的基金主要有宽基指数基金、混合型基金、消费主题基金、医药主题基金和蓝筹类相关基金。

那么，对于基金的"卫星"资产，投资者应该如何配置呢？

"卫星"资产围绕核心资产搭配，主要特点是小而灵活。具体到基金配置上，资金配比会较小，资金类型上宜相对激进进取，从而达到以小博大的效果。即使亏损，因为本金占比较小，也不会影响大局。

在具体基金类别的选择上，投资者可以大致限定以下范围。

- 行业主动型基金或行业指数基金，包括细分行业的相关基金。
- 重仓小盘股票的基金，或者持仓相对集中在个别行业上的基金。
- 科技类行业和大部分周期性行业等相对配置比重较大的基金。
- 持仓股票数量较少、集中度较高的基金。

"核心+卫星"只是基金的一种简单配置模式，以下针对不同风险偏好的投资者给出一些建议，投资者可以结合自身情况灵活运用。

（1）保守型的基金投资

保守型的投资者应该把固定收益理财和保险债券等安全性较高的产品作为核心资产，将稳健型的基金作为"卫星"资产进行配置。其中，"卫星"资产配置的比例应该不大于10%。

（2）稳健型的基金投资

稳健型的投资者可以将核心资产分为两部分，一部分参考保守型的投资建议，配置固定收益理财和保险债券等产品，然后将稳健型的基金配置为核心资产的另一部分。两部分间具体的分配比例依据投资者自身的风险偏好决定。"卫星"资产则可配置较激进的基金，比例最好不大于20%。

（3）激进型的基金投资

激进型的投资者可以将稳健型的基金作为核心资产，将激进型的基金作为"卫星"资产进行配置。"卫星"资产配置的比例应该不大于总资产的30%。

（4）疯狂型的基金投资

疯狂型的投资者对核心资产与"卫星"资产的配置类别与激进型的投资者一致，但在配置比例上有所不同。疯狂型投资方法中，"卫星"资产配置的比例最好不大于总资产配置的40%。

（5）基金配置的其他相关提醒

首先，"核心+卫星"的基金资产配置并不意味着要满仓操作，投资者要结合自身的风险偏好控制好仓位。其次，投资行业的配比也要和风险等级对等。最后是买入时机和赎回的问题。投资者进行定投分批买入即可，止盈时机则要结合自己的"卫星"资产盈利幅度和资金投入情况来判断。

基金数量不宜太多

用投资组合分摊风险与成本并不意味着投资者持有的基金数量越多，投资效果就一定会越好。

从数学的角度来讲，当投资者将资金分散到5个以上不同的投资标的时，即使增加更多的投资标的，与其相对应的风险分散效果边际提升也已经很低了，并不会继续产生特别大的改变。

相反，如果投资产品持仓过于分散，即使存在个别持仓基金的业绩好，但是由于其权重低，会减少利润空间，投资回报并不会很高。此时，投资者不仅无法获得更高的整体收益，而且会增加管理成本。随着投资产品数量的增多，投资者管理基金的时间和费用成本也会大大提升，很难有精力稳定跟进持仓。另外，持仓基金数量过多，更容易出现风格重复、相关性高、资金利用率低等问题。

因此，投资者应在适度集中的基础上进行相对分散、科学的配置组合。如果资金量充裕，以定投3~5只基金为最佳。

第 10 章

新手如何计算定投收益

对于新手来说，如何计算定投收益非常重要。通过收益情况，投资者可以更清楚直观地看出定投计划的好坏，从而进行策略调整。

10.1 计算定投收益率

定投收益率一般分为累计收益率与内部收益率两类。

累计收益率

累计收益代表投资者共赚取的资金数额，其基本计算公式为"累计收益率=累计收益/本金×100%"。但是，一遇到具体情况，很多人就不知该如何计算了。接下来通过示例逐步进行分析。

例1

最基本的投资情况是投资者投入本金买了一只基金，随着基金的上涨，其持仓金额也在上涨。此时，"累计收益率=（持仓金额–本金）/本金×100%"。

例2

如果投资者在持有基金的过程中曾有过分红，并且以现金分红的方式转出了分红资金，那么累计收益还应该加上分红的金额。此时，"累计收益率=（持仓金额–本金+分红）/本金×100%"。

例 3

如果情况更复杂一些，整个投资过程不仅有买入行为，还有卖出行为。此时，"累计收益 = 持仓金额 – 所有投入本金 + 所有赎回金额"。

例 1 和例 2 中使用的本金是最大投入本金，也就是从投资者原有的资金中拿出的最大金额。

如果没有卖出行为，那么最大投入本金就等于所有投入的本金之和；如果中间有卖出行为，那么卖出的金额则可以被认为是兑现了收益，也可以被认为是赎回了本金。所以，从卖出开始，投资占用的本金就相当于减少了。

判定卖出的金额是兑现收益还是赎回本金的一个简单的办法，就是将卖出金额等比例分配。

假如投资者投入本金 1 000 元，其价格涨到了 1 200 元，此时投资者得到的收益率是 20%。如果这时卖出 600 元，那么按照等比例收益率计算，就等同于本金 500 元加收益 100 元。赎回后，剩余的持仓部分所占用的本金也相当于 500 元。在这个过程中，投资本金的变化是 0 元到 1 000 元，再到 500 元。因此，最大投入本金是 1 000 元。

所以，"累计收益率 =（持仓金额 – 所有投入本金 + 所有赎回金额）/ 最大投入本金 ×100%"。

例 4

如果既有分红，又有多次买卖的情况，虽然看上去更复杂一点，但其实也只是例 2 和例 3 的综合。投资者只需要明确分红仅影响累计收益，不会影响投入本金，就不难计算。此时，"累计收益率 =（持仓金额 – 所有投入本金 + 所有赎回金额 + 分红）/ 最大投入本金 ×100%"。

如果投资者不想自己计算，也有一个更简便的方法。目前，很多第三方的网站都提供了针对累计收益率的计算工具。天天基金网的计算界面如图 10-1 所示。

内部收益率

内部收益率（IRR）是资金流入现值总额与资金流出现值总额相等、净现值等于零时的折现率。它需要使用若干折现率进行试算，直至找到净现值等于零或接近于零的那个折现率。内部收益率是每项投资都最渴望达到的理想报酬率，是能使投资项目净现值等于零时的折现率。

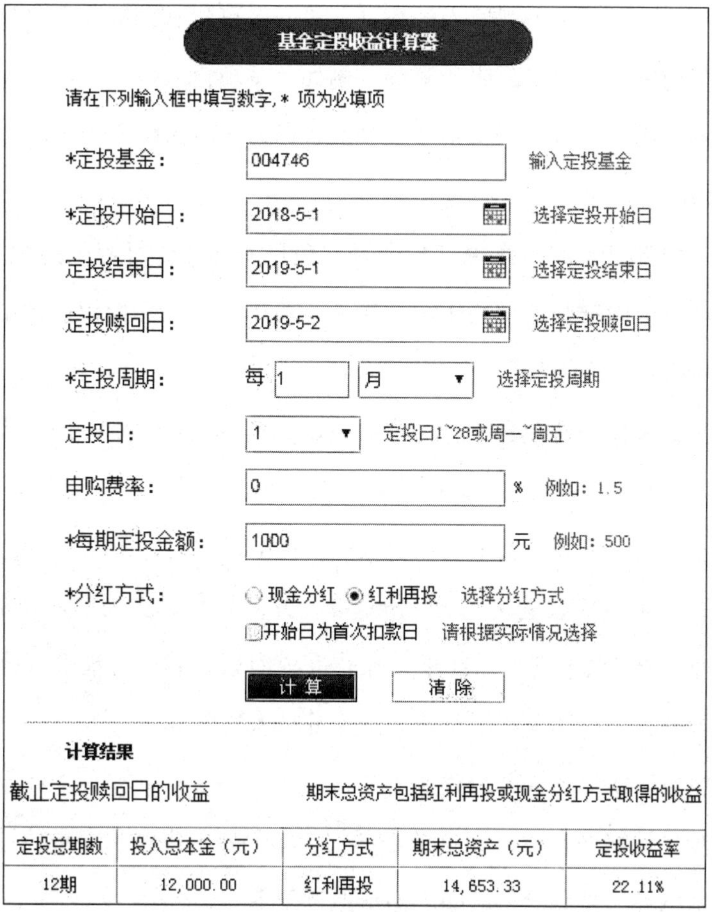

图 10-1　定投收益计算器示例

一般来说，内部收益率越大越好。在通常情况下，当内部收益率大于等于基准收益率时，表明该项目是可行的。投资项目各年现金流量的折现值之和为项目的净现值，净现值为零时的折现率就是项目的内部收益率。在项目经济评价中，根据分析层次的不同，内部收益率也有财务内部收益率（FIRR）和经济内部收益率（EIRR）之分。

当下，众多理财者都熟悉并能够运用多种理财方式。但是，实际投资的成效如何，许多人只将目光放在收益的金额上，缺乏更科学系统的判断依据。内部收益率指标则是一个科学判断收益不可或缺的工具。

内部收益率是一个宏观层面的概念，投资者可将其理解为项目投资收益所能承受的货币贬值、通货膨胀的限度。例如，某项目的内部收益率为10%，则表示在投资过程中，投资者每年能承受的货币最大贬值幅度为10%，即通货膨胀幅度为10%。

同时，内部收益率也体现了投资者在项目实际操作过程中的抗风险能力。例如，某项目的内部收益率为10%，则表示投资者在实际操作过程中每年能承受的最大风险幅度为10%。

另外，如果在一些项目操作中需要贷款，内部收益率则可用于表示投资者贷款所能承受的最高利率。如果在该项目的经济测算中已经包含了贷款利息，则内部收益率可用于表示未来在项目操作过程中贷款利息的最大上浮值。

例如，如果内部收益率以8%为基准，并假设通货膨胀率在8%左右。如果贷款利率低于8%，则表示在项目操作完成时投资者很可能会亏本。由于通货膨胀，投资者以后的盈利很可能无法弥补投入的成本。

内部收益率的具体计算步骤如下。

第一步，计算净现值，如果结果是正值，就要采用这个净现值计算中更高的折现率来测算，直到测算的净现值正值近于零。

第二步，继续提高折现率，直到测算出一个净现值为负值。如果负值过大，就降低折现率后再测算到接近于零的负值。

第三步，投资者可根据接近于零的正负两个净现值的折现率，用线性插值法求得内部收益率。

投资者在日常计算时可以利用 Excel 表格中的 IRR 函数公式，其较简便快捷、易于上手。

10.2 计算盈利时间和收益

计算了定投的收益率，那么投资者需要如何估算定投预计的盈利时间和收益呢？

基金定投慢慢变富的原理

一般来说，投资赚钱有两个原因：一是投资对象的增值；二是投资对象被以更高的价格转手卖给他人。基金定投盈利主要靠的是前者。只要投资环境长期来看有不错的前景，那么投资者定投代表国家经济整体的宽基指数，就是能获利的。市场会波动、下跌，甚至会陷入危机，但最终也会复活。

在市场下跌时，随着定投操作的进行，投资者的平均持仓成本会不断降低。等到市场回暖时，账户就有了浮盈。

定投到底能带来多少额外的回报率呢？

下面以 1 万元作为投资者的本金资产，计算分 10 次在递减价格时定额买入，然后在 10 次购买的均价上卖出，在不同的价格波动下，在买入次数均价卖出，额外产生的收益情况。

假设在不同的价格波动下，投资者用定额投资方法投资一个周期，然后在 10 次买入的均价时卖出。当价格波动在 10%、20%、30%、40% 时，投资产生的额外收益如表 10-1 至表 10-4 所示。

表 10-1 基金定投细分（涨跌 10%）交易 10 次的收益情况

序号	买入金额	价格	数量	均价	卖出价值
1	1 000	1	1 000		
2	1 000	0.99	1 010.101		
3	1 000	0.98	1 020.408 2		
4	1 000	0.97	1 030.927 8		
5	1 000	0.96	1 041.666 7		
6	1 000	0.95	1 052.631 6		
7	1 000	0.94	1 063.829 8		
8	1 000	0.93	1 075.268 8		
9	1 000	0.92	1 086.956 5		
10	1 000	0.91	1 098.901 1		
小计	10 000		10 481	0.955	10 009
盈利			0.09%		

表 10-2 基金定投细分（涨跌 20%）交易 10 次的收益情况

序号	买入金额	价格	数量	均价	卖出价值
1	1 000	1	1 000		
2	1 000	0.98	1 020.408		
3	1 000	0.96	1 041.667		
4	1 000	0.94	1 063.83		
5	1 000	0.92	1 086.957		
6	1 000	0.9	1 111.111		
7	1 000	0.88	1 136.364		
8	1 000	0.86	1 162.791		
9	1 000	0.84	1 190.476		
10	1 000	0.82	1 219.512		
小计	10 000		11 033.11	0.91	10 040
盈利			0.40%		

表 10-3 基金定投细分（涨跌 30%）交易 10 次的收益情况

序号	买入金额	价格	数量	均价	卖出价值
1	1 000	1	1 000		
2	1 000	0.97	1 030.928		
3	1 000	0.94	1 063.83		
4	1 000	0.91	1 098.901		
5	1 000	0.88	1 136.364		
6	1 000	0.85	1 176.471		
7	1 000	0.82	1 219.512		
8	1 000	0.79	1 265.823		
9	1 000	0.76	1 315.789		
10	1 000	0.73	1 369.863		
小计	10 000		11 677	0.865	10 101
盈利	1.01%				

表 10-4 基金定投细分（涨跌 40%）交易 10 次的收益情况

序号	买入金额	价格	数量	均价	卖出价值
1	1 000	1	1 000		
2	1 000	0.96	1 041.667		
3	1 000	0.92	1 086.957		
4	1 000	0.88	1 136.364		
5	1 000	0.84	1 190.476		
6	1 000	0.8	1 250		
7	1 000	0.76	1 315.789		
8	1 000	0.72	1 388.889		
9	1 000	0.68	1 470.588		
10	1 000	0.64	1 562.5		
小计	10 000		12 443	0.82	10 203
盈利	2.03%				

由以上 4 个表中计算的结果可以得知，通过等额定投的方式，在 10 个不

同的价格位置买入等额的金额，也就是 1 000 元时，收益结果如下。

- 当涨跌幅度为 10% 时，额外产生 0.09% 的收益。
- 当涨跌幅度为 20% 时，额外产生 0.4% 的收益。
- 当涨跌幅度为 30% 时，额外产生 1.01% 的收益。
- 当涨跌幅度为 40% 时，额外产生 2.03% 的收益。

通过这组数据可以得知，当价格波动越大时，定投越能体现价值。鉴于此，投资者在挑选基金进行定投时可尽量挑选价格浮动变化比较大的基金，这样投资效果能更好一些。如果是货币基金那种价格稳如一条水平线的基金，定投的作用就和定投固定收益类品种一样，因价格波动差带来的盈利几乎可以忽略。

基金定投多久可以盈利

投资者做基金定投该持有多长时间？在很多专业数据分析中，都有提到持有指数基金的理想时间，大部分结论都为 3～5 年。这个数字主要依据的是所谓市场经济变化周期为 3～5 年，在这个时间长度里，哪怕没有大牛市，也会有一个小牛市来临。

当然，这是理论测算的内容，实际操作中这个时间有可能会更短。有时 2 年左右，投资者便会有不错的收益。因为整个市场总是跌宕起伏，投资者只需要在其形成微笑曲线时卖出即可。

如果行情较好，则持有的时间有可能更短。这便也涉及买入时间的不同带来的影响。每个人选择的基金不同，买入的时间点不同，成交的单位净值不同，投入的金额不同，产生的收益都会有差别。

第 11 章

定投是心理战，沉得住气才有未来

基金定投是一场长期的战斗，要想基金定投取得成功，最重要的就是坚持、有耐心。良好的心理素质对于投资者做基金定投非常重要。只有沉下心、稳住心态，投资者才能看到更好的前景。

11.1 对定投亏损感到焦虑的心理原因

很多人在投资开始前，总是拥有很多顾虑与恐惧。这些情绪往往来源于投资产品风险的不确定，以及对自身理财能力的不信任。在亏损的情况真实发生后，焦虑心理便会进一步升级。其实，背后的原因主要有三点，投资者需要认清现状，对症下药。

手头没钱，近期有消费计划

投资者在投资时必须注意，保本生存是第一需要。

如今有不少投资者认为，亏钱不是最可怕的，最可怕的是错过大赚一笔的时机。然而，投资不是投机，也不是赌博，投资者应尽可能提高投资的成功率，而不是一味地依靠运气豪赌。因此，在投资市场中，成功的基础是保本生存，尽可能地减少错误，这才是投资者的第一需求。

保本生存的首要原则就是在自己的能力范围内进行投资。投资者要具备能够正确评价所选择的企业的能力。投资者不需要耗费大量的精力和时间成为通晓每一家或大部分公司的专家，而只需要能够正确评估在自身能力范围内的几家公司即可。有多大的能力范围并不是最重要的，最重要的是要清楚自身的能力所对应的范围。

例如，目前投资标的处于哪个行业，投资者相应地就要对这个行业有更多的了解。投资者应当搞清楚自己了解哪些行业，并尽量在能力范围内活动。投资者应该明确一个观点，即只有处于自身的能力范围内时，自己才有可能合理、正确地分析企业的持续竞争优势，对企业的内在价值有相对准确的估计。

保本生存还要求投资者克服可能经常出现的认知和行为偏差。因为在投资市场上有相当一部分投资者缺乏理性，他们在投资决策过程中经常会受到各种心理因素的影响，导致大量的认知和行为偏差。在现实生活中，这样的情形比比皆是。

保本生存要求投资者掌握战胜市场的途径。要想在市场中规避风险、保本生存，就要学会利用市场，这样才能在激烈的市场变化中屹立不倒。真正阻碍投资者前行的往往不是未来的不可预测性，而是旧有思想的束缚。

在投资市场中，保本生存有两个最常见的阻碍因素：一个是恐惧；另一个是贪婪。这两者永远不会消失，在投资理财的世界中永远会一再出现，且形影不离。

保本生存就是要有效地避免风险。而要做到这一点，前提就是投资者要比市场更了解自身的投资偏好，以及所要投资公司的现状、前景及价值。对于长期投资者来说，要想达到减少风险、保本生存的目标，首先就是要具备比市场更长远的眼光，能正确估量价值并看到投资的长期价值；其次是要比市场更理性，而不应盲目冒进。

具体到选择理财产品上来，则要求投资者根据个人风险承受能力和预期收益做出具体的决策。一般而言，投资理财产品可以分为保本固定收益产品、保本浮动收益产品和非保本浮动收益产品。理财产品也存在亏本的可能,高收益也会附带高风险。

风险承受能力低的投资者需要选择固定收益类的投资产品,从而更容易保障资金安全。而具有一定的风险承受能力,又对收益有较高要求的投资者,可以选择投资保本浮动收益类的产品。这类产品可以满足保本的需求,但是收益并不确定,随市场行情的变化而变化。

对风险有一定承受能力并且闲置资金充裕的投资者,可以选择非保本浮动收益类产品。它相对来说风险较大,不过这样的投资选择更多是建立在对收益的追求上,只要风险在投资者可承受的范围内,如果能够对市场估计正确,选对产品,收益也会很可观。

在购买理财产品时,投资者要明确产品是否有保本条款,而不是只听销售人员的口头宣传,最重要的就是看合同。

对于大多数保守型的投资者而言,保本是第一要义。那么,保本是怎样进行的呢?保本的目标实现是以一定的投资期限为前提。简单地说,保本的前提是投资者放弃了3～5年内对该笔钱的使用权和获取额外收益的权利。投资者处于"上不封顶,下不亏损"状态的前提是放弃了自有资金在3～5年内获得其他收益的机会。

所以,保本之前,投资者要先确定自己的资金是否有3～5年的闲置期。

如果投资者有100万元资金的保本理财需求,要怎样实现保本?投资者可以选择购买债券或货币市场基金。假设货币市场基金的年收益率为3%,那么3年后,本金和收益为1 092 727元,保本成功。

然而,投资者需要清楚地认识到,在保本的前提下,要使收益达到所谓的"上不封顶"其实很难做到。为了防范风险,达到保本目标才是最重要的目的之一。在牛市里,保本投资策略往往会输给纯股票基金。但是,不安全的高收益就像赌场赢钱,最终赢得多少就要送回去多少。

在正确的时间做正确的事情,保本生存是投资者第一需求,在保本的基础上才考虑怎样持续升值。

在股市中,要做到保本,办法只有两个:一是快速止损;二是不要一次下注太多。投资者可采用分层下注的方式。例如,投资者预计要配置1 000股,就可用分层下注的方式先配置200股,根据股票市场行情决定是否加大后续投资。如果通过市场反馈信息发现势头不对,则应尽快止损。

新手没经验,无法承受初期亏损

习惯了投资固定收益类理财产品的投资者在第一次接触其他种类的投资产品时,最担心的都是亏损。当知道某种投资产品不一定能保本,也没有稳定的预期收益时,很多人都会恐惧、迟疑,甚至望而却步、不敢靠近。

还有一些投资者受到高收益的诱惑,在投资前低估了自己对投资亏损的恐惧,但当股市下跌、基金亏损、行情变差时,对亏损的恐惧被迅速放大,立刻陷入了煎熬之中。当亏损发生时,投资者的心态在很短的时间内就崩溃了。

对投资恐惧的管理,投资者在投资前就应该做好准备。投资者可以提前采取以下措施提高自己的风险承受能力。

- 用3~5年不用的闲钱投资。
- 适当分散投资,不要重仓赌于一两个投资品种。
- 控制仓位,使风险控制在可接受的范围之内。

除了害怕亏损以外,恐惧止损也是一个常见的问题。

止损也叫"割肉",是指当某项投资出现的亏损达到预定数额时及时斩仓出局,以避免形成更大的亏损的决策行为。其目的就在于当投资出现失误时,把损失限定在较小的范围内。

很多人在投资时,即使亏损已经发生,也缺乏及时止损的勇气。他们都抱有这样的想法："现在卖一定是亏钱的，实在是舍不得'割肉'，等回本了就把它卖出去。"此时，产品已经没有多少投资价值，但又一定要等到回本时才肯卖出。这也是一种恐惧，害怕把浮亏变成真亏。

任何一笔投资是否拥有继续持有的价值，都应该基于清晰的投资逻辑。如果投资逻辑没错，就应该坚守；如果投资逻辑是错误的，那就应该及时止损，使以较小的代价博取较大的利益成为可能。

无数的股市历史事实表明，一次意外的投资失误就足以致命，但及时止损能帮助投资者化险为夷。因此，在投资之前，投资者需要给自己预设一个止损关键点，它代表了投资者能接受的亏损程度，之后在投资过程中必须严格自律地坚持这个预设的止损关键点。

在股票投资中，投资者应当拒绝"当一只鸵鸟"。拥有股票的人，其相应的财富取决于股票当下的交易价格，而不是投资者当初购买的价格。股票真实的价值并不会因为当初购买价格高就比今天更高，更不一定会因为购买的价格高，就要涨回当初购买的价格。

有的投资者会说："手上亏损的股票不卖出，总有一天会上涨的，现在卖就亏了。"其实，这句话只说对了一半。一只优质的标的会在熊市中下跌，在牛市中再创新高，但现实问题是投资者能否选择到优质标的。

如果投资者想判断某家上市公司的优劣，就不只要看它此刻的表现，还要关注它未来是否有持续成长的潜力。仅仅依靠它目前的行业地位，是无法准确判断的。所以，投资者在投资时还要关心上市公司的发展方向和战略纲要。

有的股票下跌后过一段时间就能重回新高，而有的股票则可能会就此面临退市的危险。这一类股票有很大的概率会出现大幅度的下跌，之后不仅无法拉升上涨，还有可能连续回调下跌。此时，该股一旦触及退市问题，投资者只能欲哭无泪。

在卖出股票之前，投资者永远都无法确定是盈利还是亏损，即使盈利卖出，但没有将钱取出去，也无法确定最终状态。投资者应该制定自己的投资方式，思考在股票下跌后如何应对，而不是傻傻地等待股票"回血"翻红。这样很容易与新的机会失之交臂，从而导致更大幅度的下跌，得不偿失。

总想抢热点，这山望着那山高

投资者在投资时应当注意独立思考，抛开羊群心理。

投资大师罗杰斯曾提到，他的投资启蒙读物是《超级金钱》。这本书中的一句话给他留下了深刻的印象："市场就像一个风情万种的女人，总是变化万千，神秘而迷人，你必须对她负责，想办法取得她的欢心。"罗杰斯明白，一个人云亦云、盲目跟风的人是永远也无法获得成功的。投资者只有坚持独立思考、独辟蹊径，彻底抛开羊群心理，才有可能获得真正的胜利。

在这种理念的指引下，罗杰斯开启了属于自己的投资旅程，对市场保持着自己的好奇心与审慎的态度，从来不会跟着羊群盲目地跑。

投资者在投资理财时，保持独立和缜密的思考是必不可少的。有很大一部分投资者都被那些"金玉其外"的理财规划建议蒙蔽了双眼，最终损失了一大笔钱。所以，投资者要进入市场，就一定要先找到适合自己的投资理财策略。

如今，投资理财已成热点话题。市场上的理财产品种类繁多，大多数人往往还没有搞清楚其中状况就仓促地开始了投资，选择某种理财产品的原因也是跟随大众的判断。这充分说明，多数人的投资习惯是"跟着羊群跑"，看到别人做什么，自己就跟着做什么。

但是，投资者要明白，这世上从来就没有一种适用于所有人的理财方式，具体的理财策略应因人而异。投资的要点在于独立思考，寻找真正贴合自身需求的理财策略。

当前市场上各个理财机构之间的竞争十分火热，许多所谓的理财规划和理财服务都成了理财机构的销售手段。工作人员着重于把当前主推的、提成比例高的理财产品兜售给客户。这样一来，吃亏的只能是那些一知半解的投资理财者。

在股票、基金疯狂上涨的同时，人们似乎会自然地对银行推出的理财产品有排斥的倾向，那些低风险、低收益的理财产品更无人问津。然而，当股市发生了大变化时，股票、基金又会被人们冷落，银行的低风险、低收益的理财产品又会开始活跃起来。

假设在市场发生显著变化之前，投资者就减持权益类的投资，如股票和基金等，增加现金资产的持有率，并适度投资部分银行的低风险理财产品，就可能在熊市里实现"现金为王"的效果。同样，在市场上的股票、基金少有人投资时，投资者应该思考这种现象背后的逻辑。虽然在投资理财领域做少数派并不简单，但是要想成为专家，就要积累足够的市场经验，只有这样才能立于不败之地。

归根结底，其关键仍在于投资者找到适合自身的理财方式。在独立思考之下，投资者才能设定符合自身理财需要的理财策略和目标规划。

理财书籍上都有很多关于理财规划的建议，但并不能够指导投资者解决遇到的所有问题，经济学家也不等同于投资大师。投资者只有亲自实践，体验解决遇到的实际问题的过程，才能有所收获。在实践中需要遵守的第一条准则就是必须坚持独立思考，抛开自己的羊群心理。

11.2 如何克服定投时的焦虑感

由于定投的特性，投资者在定投时往往存在不可回避的焦虑感。如何克服这种焦虑感是投资者需要认真思考的问题。

回本后要马上卖出吗

一般来说，如果投资者想在中短期内就能实现盈利，也不奢求盈利过多，那么笔者建议可以选择日定投，配合小的目标比例，例如5%（最低止盈目标）。

投资者要想提高止盈百分比的目标，如提高到20%，那可能就要花费比较长的时间。

如果投资者不在乎定投时长，也有足够的资金可以定投，只是想追求高收益，那么定在50%～60%也是可以的。不过，这样做需要有很大的耐心和信心。

甚至如果有能力，投资者还可以反复测试各种指数的历史盈利百分比的最大值，看哪个百分比是最有机会实现的，也是一种非常好的选择。

不熟不做，不懂不做

投资要知己知彼，在熟悉掌握公司的基本情况后再进行投资，才会赚得更多。不了解投资对象的情况，往往只会亏得更多。

巴菲特之所以被人们称为"股神"，得益于他独特的投资眼光。

投资者一般在一家公司的股票大跌时都会提高警惕，找机会抽身逃离。当股票大跌超过30%时，不少投资者会认为这就是逃离的大限。但是，巴菲特认为大跌的数字可以超过80%，前提是投资者对这只股票非常了解并抱有坚定的信心。巴菲特对富国银行的投资就是如此。

从1989年开始，巴菲特就大量买入富国银行的股票，已经持续了20多年，共持超过3亿股，约占该银行发行在外总股本的6.43%。

巴菲特的高明之处就在于，当初购买富国银行的股票时，股价已经大跌超过了82%。一般的投资者是不敢冒这样的风险的。但是，对于巴菲特来说，他由于对富国银行非常了解，所以才有信心在股价狂跌之后购买富国银行的股票。

巴菲特认为富国银行是全美市值最高的银行，长期以来一直享有良好的声誉，也是美国盈利最多、效率最高的银行之一。这是巴菲特选择富国银行的重要原因。

巴菲特说，富国银行的优势是组合销售，其他银行的服务水平无法和富国银行相比。

金融危机在2008年爆发后，富国银行受到影响，股价大跌，但是巴菲特依然对它满怀信心："富国银行这样庞大的企业具有独特性，它也将继续坚持走自己的独特之路，这也是我那么看好它的原因。而且，我了解富国银行有一个好的经营模式，方式正确，利润率较高，资金成本要比其他大型银行低，资产管理也做得很聪明，这就是巨大的优势。当然，绝不能忽略富国银行广大的客户规模，客户才是银行盈利的根源，他们的客户规模在一季度一季度地不断增加。我永远看好富国银行。"

专注于了解的领域是投资者应遵循的一个重要的投资方法。但是，在投资理财领域，恐惧和贪婪很容易动摇投资者的信念，市场也会因此产生剧烈震荡。许多投资者因为贪婪而进入不熟悉的领域，以为能大赚一笔，但又因恐惧而离开投资的领域。这两种现象在市场中很常见，归根结底就在于投资者对自身投资的领域并不熟悉，也不了解，盲目地进入，盲目地逃离，很难获得收益。

投资大师独具慧眼，他们的眼光并不是心血来潮，他们的智慧在于对整个行业的深刻了解和探究。就像巴菲特，绝不会因为整个市场都说某只股票好，就随之持有该股票。这都是遵循了"不熟不做，不懂不做"的原则。